Nariman Hodjaty • Mandana Alavi Kia

Erfan - Vom Gesang der Planeten

Sufigeschichten aus Persien

TRANS-WORLD

Dieses Buch enthält Geschichten aus der CD

Erfan - Vom Gesang der Planeten

Sufigeschichten aus Persien

erschienen in der
Gottfried Indra Musik- und Bühnenverlagsgesellschaft m.b.H.

MusicPoolAustria
MPA 1215-2
ISBN: 3-901710-28-0

Auslieferung für den Buchhandel:

Trans-World Musikverlag GmbH.
Korneuburger Straße 86
A-2103 Langenzersdorf
fon: ++43 2244 4580-0 • fax: ++43 2244 4580-20
e-mail: Office@Trans-World-Musikverlag.at
internet: www.Trans-World-Musikverlag.at

Erfan - Vom Gesang der Planeten
Sufigeschichten aus Persien
Nariman Hodjaty / Mandana Alavi Kia
Foto und Umschlagdesign: Bettina Frenzel

1. Auflage 2002

Gedruckt in Österreich

ISBN: 3-901710-29-9

Inhalt

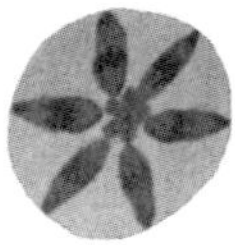

Erfan

Dein Körper birgt,
was sieben Himmel und die Erde bergen,
du musst es nur erkennen.

Nach dem Tode Mohammeds (661-750), dem Propheten, kamen vier seiner treuesten Anhänger an die Macht und in dieser Zeit entstand das große islamische Imperium. Die Städte des Imperiums waren mit Reichtümern gefüllt. Dies führte zu einer eigenen aristokratischen Schicht, die unter den neuen Umständen die Macht für sich beanspruchte. Einer der Stämme, welche in der vorislamischen Zeit schon aus Tradition Handel betrieb, war der Stamm der Bani Omayyaden. Obwohl sie als Gegner des Propheten galten, bekehrten sie sich, nach dessen Sieg, zum Islam. Mit dem Aufblühen der neuen Religion wurden sie zum mächtigsten Stamm. Nach dem Tode Alis, dem vierten Kalifen, übernahmen die Bani Omayyaden die Macht auf eine Weise, die den Regeln des Islam widersprach. Sie ließen prächtige Paläste bauen und lebten wie die sassanidischen Könige, in ungeheurem Luxus. Die Anhänger des Propheten und die erste Generation des Islam, welche eine andere Vorstellung dieses Glaubens hegten, begannen nach und

nach zu protestieren.
Neben den frommen Muslimen, die auf Grund der eindeutigen Ablehnung und Entsagung des Weltlichen im heiligen Buch, dem Koran, eine asketische Form des Islam praktizierten, waren die ersten Sufis, die aus dem Sufitum eine Bewegung machten, die omayyadischen Regimegegner, die mit ihrer asketischen Lebensweise in einer passiven Art, die gierigen Machthaber kritisierten. Da sie ein Gewand aus grobem Wollstoff, „Suf“ genannt trugen, wurden sie mit der Zeit als „Sufis“ bezeichnet.
Viele Perser, die sich vor allem wegen der propagierten Gleichheit und Brüderlichkeit zu dieser Religion bekehrten, um sich vom verhassten Kastensystem der Sassaniden zu befreien, nahmen die Sufibewegung mit Begeisterung auf. Der Sufismus bot ihnen eine andere Interpretation des Islam. Die Sufis proklamierten eine persönliche und unmittelbare Beziehung zu Gott, die jede Intervention des Klerus eindeutig ablehnte. Da die Kalifen zugleich als Religionsführer agierten, galt es als ideales Mittel die Herrschenden auf diesem Weg zu bekämpfen. Der Sufismus erlebte in Persien einen großen Aufschwung und verwandelte sich von einer Glaubensrichtung in eine revolutionäre Weltanschauung.
Das pantheistische und mystische Gedankengut war von Anbeginn, noch vor der Islamisierung, im Bewusstsein des persischen Volkes verwurzelt. Selbst die Anhänger Zarathustras glaubten, dass die materielle Welt eine direkte Erweiterung und Entwicklung des Schöpfers Ahura Mazda sei. Die Welt sei nicht durch ihn, sondern aus ihm, in Form von Licht, hervorgegangen. Somit sei die materielle Vielfalt, die wir in der Welt erleben, die maximale Erscheinungsform ei-

nes einzigen Wesens. Neben Zarathustras Lehre waren der Mithra-Kult, der Hinduismus, das Christentum und der Buddhismus im antiken Persien weit verbreitet und hinterließen ein großes Erbgut an mystischen Traditionen und Denkrichtungen.
Hinzu kam nun der Islam als verbindendes Element. Die Sufis Persiens suchten im heiligen Buch die Bestätigung für ihre pantheistische Weltanschauung und sie fanden nicht selten Verse wie diesen: *„Ich bin euch näher, als die Adern in eurem Hals."* oder *„Ich war ein verborgener Schatz, der erkannt werden wollte, so erschien ich in der Welt, um gesehen zu werden."*
Dadurch versuchten die Sufis, die Muslime von der Richtigkeit ihrer Lehre zu überzeugen. Die pantheistische Sicht, welche aus dem ursprünglichen Sufismus herauswuchs, bekam einen neuen Namen: „Erfan", was wörtlich übersetzt „Erkenntnis" bedeutet.
Laut Erfan, der im 12. Jahrhundert seinen Höhepunkt erreichte, ist die materielle Welt aus einer einzigen Quelle, im Fachjargon „die absolute Existenz", entsprungen. Diese Handlung war eine Notwendigkeit, denn derjenige schöpferische Geist, dessen Wille die Schöpfung verursachte, konnte allein durch die Materie erhalten bleiben und sich entwickeln. Die Materie ermöglicht das Fortbestehen jeglicher Existenz. Der Geist seinerseits führt und organisiert die Materie durch eine verborgene intelligente Kraft, die die Richtung und Weiterentwicklung der Welt bestimmt. Aus dem Zufall und Chaos heraus, verfolgt die Schöpfung das Ziel, der Vollkommenheit entgegenzustreben. Die Materie, die durch diesen Entwicklungsprozess immer feinere Erscheinungsformen annimmt, erlangt auf dem Höhepunkt ihrer Entwicklung das Bewusstsein.

Wir Menschen sind das Ergebnis dieses Prozesses. In uns oder durch uns wird die Materie ihrer selbst bewusst. Diese Definition kann nur eins bedeuten: Wenn die absolute Existenz, d. h. der Schöpfer sich durch die Materie verwirklicht und ausdrückt, dann ist Gott durch die Menschen seiner Selbst bewusst geworden.

Auf der Grundlage dieser Erkenntnis zerfiel das gewohnte Bild von der Welt auf einmal vor den Augen der Sufis. Eine befremdende, aber faszinierende Dimension öffnete sich vor dem inneren Auge der Betrachter. In jeder Erscheinung sahen sie das Antlitz Gottes. Die Vielfalt verwirrte sie nicht mehr, denn Gott war es, welcher ihren Körper beheimatete und somit war er es, der durch ihre Augen die Welt betrachtete. Die Welt wurde zum Spiegel, in dem der Schöpfer sich selbst betrachtete.

Die Sufis bemerkten, dass alles in der Welt, sogar die scheinbaren Gegensätze aus einer Essenz stammen. So erkannten sie den wahren Sinn der Einheit. Die Liebe wurde unweigerlich zum zentralen Aspekt, weil das Wissen um die Verbindung zwischen dem Einzelnen und einem entfernten Stern, zu einer erfahrbaren Verwandtschaft führt. Die große Verantwortung, die die Sufis durch diese Erkenntnis zu tragen wissen, besteht darin, dass der Mensch das Erbe Gottes angetreten hat, um sein Werk d. h. die Schöpfung, fortzuführen.

Der Krieg zwischen den Religionen und Kulturen verliert in diesem Zusammenhang jeglichen Sinn. Ein zeitgenössischer iranischer Sufikenner, Doktor Aliasghar Halabi, sieht im Wesen des Sufitums nach der Islamisierung zwei unterschiedliche Strömungen: Den „Sufismus der Entsagung“ und den „Sufismus der Liebe".

Solange Persien von fremden Machthabern regiert wurde, waren die Sufis in ihrer Tätigkeit fast uneingeschränkt. Das religiöse Oberhaupt, der Kalif, saß in Baghdad. Die Mongolen, die später in Persien einfielen, waren ungläubig und der islamische Klerus in Persien hatte zu jener Zeit keinerlei Macht. Dies gab den Sufis die Freiheit, ihre Meinung zu äußern. Sobald sich die Sufis jedoch außer Landes begaben, war ihre Sicherheit gefährdet. Halladj wurde in Baghdad hingerichtet und Sohrewardi wurde in Halab (Syrien), während einer Diskussion, vom Geistigen eigenhändig umgebracht.

Im 16. Jahrhundert kam die Dynastie der Safawiden, die einem schiitischen Sufiorden angehörten, an die Macht. Um das Land reibungslos zu regieren, vereinten sie sich mit dem schiitischen Klerus. Dies führte zu einer Revision der Grundgedanken der Erfanlehre. Der Sufismus verlor im Zuge dessen nach und nach wichtige pantheistische Inhalte und nahm religiöse Züge an. Allmählich resignierten manche Sufidenker anderer Orden, passten sich an oder verließen das Land. Diejenigen, die blieben, wurden immer mehr zu einer religiösen Sekte degradiert, welche die Religion in manchen Bereichen toleranter, in anderen strenger auslegte.

Wegen der vorher erwähnten Gefahren wurde und wird im Iran, Erfan bis heute wie eine geheime Lehre behandelt. Die Sufimeister gaben ihr Wissen nur an ihren besten Schüler weiter.

Richard Gramlich schreibt in seinem Buch „Die schiitischen Derwischorden Persiens" Verlag Franz Steiner Wiesbaden 1976 über Sufismus:

„Wenn das innerste Wesen aller Dinge Gott ist, muss auch der Mensch in seinen Tiefen Gott sein."
Vor dieser einfachen Schlussfolgerung sind die meisten Derwische, die ich darüber befragte, zurückgeschreckt.
Sie sahen im Menschen ein Geschöpf Gottes, den Erscheinungsort Gottes, einen Schatten Gottes, aber nicht einfach Gott. Einige ihrer Scheiche gaben mir deutlich zu verstehen, dass der wahre Gnostiker seine Identität mit Gott erkenne, dass er diese Wahrheit aber Uneingeweihten nicht mitteilen dürfe.

Die drei Stadien des Bewusstseins

Der Spiegel des Bewusstseins

اولین بار که در آینه جُستم دیدم
آشنا چشم و تن خویش به چشم خویشتن
بار دوم ز وجود خود ندیدم اثری
آن خدا بود که در آینه می دیدم من
بار سوم همه او بود که میکرد نظر
بر تن و چشم من و خویش به چشم خویشتن

Das erste Mal als ich mich im Spiegel schaute
erkannte ich meine vertraute Gestalt

Das zweite Mal, wieder vor dem Spiegel
verschwunden mein Ebenbild, erblickte ich Gott

Das dritte Mal blieb Gott allein
der sich im Spiegel schaute

Nariman Hodjaty

Laut Erfan ist jegliche materielle Welt aus einer einzigen Quelle entsprungen. Am Anfang war das Licht. Aus dem Feuer des Beginns entstanden die Sterne und Galaxien. Der Mensch ist im Grunde genommen nichts weiter als der Staub der Sterne. Diese wahre Alchemie, die aus dem leblosen Staub das denkende Lebewesen hervorbrachte, kann nicht dem Zufall zugeschrieben werden.
Der Sufi glaubt, dass alle Erscheinungen der materiellen Welt, die mannigfaltigen Gesichter eines einzigen Wesens sind und sieht sich selbst als eine der Erscheinungsformen dieses Urwesens. Es entsteht in ihm ein zweites Bewusstsein, welches am Höhepunkt seines spirituellen Weges, gewachsen und gestärkt, die Oberhand gewinnt.
Das erste Bewusstsein, das Ich, löst sich auf, verschwindet und Gott betrachtet mit des Sufis Augen die äußere Welt, die nichts weiter als sein eigener Körper ist. Nun ist der Sufi ein Medium, durch den Gott die Schöpfung vorantreibt.

1. Das Bewusstsein des Individuums (Ich)
Wenn der Mensch sich zum ersten Mal im Spiegel erkennt, tritt er in die erste Phase des Bewusstseins.

2. Das Bewusstsein des Individuums über das Göttliche in sich
Der Sufi entdeckt am Anfang seines spirituellen Weges, das Antlitz Gottes in jeder Erscheinung. Wenn ein Sufi in den Spiegel schaut, erblickt er Gott darin und im Verborgenen entwickelt sich ein neues Bewusstsein. Der Sufi wird sich über die Existenz Gottes in seinem Wesen bewusst.

3. Das Bewusstsein des Göttlichen über sich

Dieses neue Bewusstsein wird allmählich selbstständig. Am Höhepunkt seiner spirituellen Entwicklung verblasst sein eigenes Ich und Individuum gegenüber dem göttlichen Bewusstsein. Nun denkt, fühlt und handelt Gott durch ihn. Wenn er in dieser Phase vor den Spiegel tritt, erlebt er etwas Unglaubliches; von seiner Identität als Individuum bleibt keine Spur mehr übrig. Er existiert nicht mehr. Gott steht da und erblickt sich selbst.

Die Schöpfung

نور بارید ز آسمان ازل   از سکون واجهید و جویان شد
نقطه ای بود در مقام وجود   در مکان جا گرفت و پویان شد
ذره ای سرد بود در آغاز   از ظلام آمد و فروزان شد
تا نهاد فلک به چرخ افتاد   آذرخش زمان خروشان شد
خود یکی بود نقطه پرگار   نقطه خط گشت چون فراوان شد
گونه گون واشکفت در اجرام   گه چنین گشت و گه چونان شد
ماده از پی شعور آمد   بوی جانان گرفت و خوبان شد
دانه ای خُرد از بن خارا   شاخه‌ها بردمید و رویان شد
از جنین نطفه ای بی اندام   لب ز هم واگشود و گویان شد
عکسی از خویش در جهان میخواست   چهره در آینه دوچندان شد
عکس در آینه چو نیک افتاد   طرح نو برگرفت و انسان شد

Am Anfang war die Stille,
der Urgeist der Existenz war einsam.
Gefangen in der Leere der Zeitlosigkeit,
in einem Ort, der keiner war,
ohne Breite, Tiefe und Länge.
Es war eine schmale Linie zwischen
Sein und Nichts,
dünner als der Durchmesser der Haut.
In der Morgendämmerung der Existenz
war Gott allein.
Ein Schrei drang aus seinem Inneren:
„Etwas existiert!“
Aber die Stimme verstummte
in der Stille der Dunkelheit.
Es gab keinen Raum, der den Klang ertönen ließe
und der Gedanke kannte das Wort nicht.
Er wollte sehen, sich erblicken,
sich von seinem Dasein vergewissern.
Aber die Farben waren verschleiert
und das Licht schlief noch im Keim.
Er wollte greifbar sein, Gestalt annehmen.
Das Universum wurde zum Spiegel,
in dem er sich erblickte.
Der Schöpfer gebar sich aus sich selbst heraus.
Er brach aus der Stille und wurde zum Licht.
Der Raum dehnte sich aus
und der Pfeil der Zeit
begann seinen ewigen Flug.
Und auf den Flügeln des Lichtes
bewegte er sich fort.
Die glühende Materie wurde kälter
und aus dem goldenen Staub
erwachte das Leben

und das Leben vermehrte sich.
Das Einzelne zerteilte sich, verging,
um in der Vielfalt wieder aufzuwachen.
Es verwandelte sich,
geboren aus der Metamorphose,
sah er im Spiegel der Welt
sein Ebenbild.

Licht entströmte dem Himmel der Vorzeit,
Urkraft brach suchend aus der Stille.
Punkt war sie inmitten der Existenz,
nahm Raum ein und bewegte sich fort.
Gefangen in gefrorener Stille,
löste sie sich aus der Dunkelheit,
leuchtend.
Eins war sie im Zentrum der Existenzspirale.
Punkt vermehrte sich und ward zum Gebilde.
Es gebar die Vielfalt,
mal in dieser,
mal in jener Gestalt.
Ein winziger Kern durchstieß den granitenen Felsen.
Er trieb die Äste, das Licht herbeisehnend.
Die leblose Materie keimte in der Gebärmutter
einem Fötus gleich
und begann zu sprechen.
Gott suchte sein Ebenbild in der Welt.
Das Bild vervielfältigte sich im Spiegel.
Ebenbild im Spiegel der Welt erschien,
verwandelte sich
und wurde zum Menschen.

Nariman Hodjaty

Erfan und Religion

Erfan ist im Westen unter dem Begriff *„islamische Mystik"* bekannt. Obwohl Erfan und Islam von einem Monotheismus ausgehen, unterscheiden sie sich in einem wesentlichen Punkt voneinander. In der islamischen Schöpfungsmythologie wird, wie in den anderen großen Weltreligionen, die Welt als „Werk Gottes" bezeichnet. Obwohl Gott somit allgegenwärtig ist und ohne seinen Willen nicht einmal ein Blatt vom Baum fällt, sind die materielle Welt und Gott nicht ein und dasselbe. Er steht über der materiellen Welt. Laut Erfan ist die materielle Welt die unmittelbare Erweiterung Gottes, „der absoluten Existenz". Durch die Materie hat sich die Existenz erhalten und weiterentwickeln können. Die materiellen Formen sind durch die maximale Vielfalt in Erscheinung getreten, in allen liegt jedoch ein und dieselbe Essenz verborgen. Die Welt ist Gott gleich.

Die Sufis halten ihre Weltanschauung für eine tiefere Wahrheit der Religion. Dieser Unterschied führte zu einem bis heute andauernden Konflikt zwischen dem Klerus und den Sufis.

Für einen Sufi, der *„An al Hagh!" „Ich bin die Wahrheit(Gott)!"* sagt, lautet das wahre Einheitsbekenntnis: *„Es gibt nichts außer Gott!"*

In den Augen des Klerus ist dies jedoch nichts weiter

als Blasphemie, da ihr Einheitsbekenntnis besagt: *„Außer Allah gibt es keinen Gott!“*
Der Erfandenker, Abd ol-Rahman Djami (15.Jhdt.), schreibt in einem seiner Gedichte:

دایره چرخ به صد دخل وخرج   بود به مطموره یک نقطه درج

„Denke daran, dass alle Galaxien und Sternenhaufen, die nächtens den Himmel zieren, einst in einem einzigen Punkt verdichtet waren.“

Das, was diese Anschauung von der Urknalltheorie unterscheidet, ist der Glaube an einen allgegenwärtigen Geist, der im Kern jeder Zelle verborgen liegt, Ordnung in die Welt bringt und dem Ziel der Vollkommenheit entgegenstrebt.
Es gibt einen Willen der die Existenz von der Einfachheit zur Vollkommenheit lenkt, da die Welt sonst dem Chaos und Zufall verfallen würde.

Diese unterschiedlichen Auffassungen verursachten eine große Kluft zwischen dem Klerus und den Sufis und führten manchmal zu gewaltsamen Auseinandersetzungen. Die Sufis lehnten die rationelle Art und Weise, wie die Theologen und Gelehrten die Existenz Gottes zu beweisen versuchten, ab. Ihrer Meinung nach kann man Gott nur im Herzen spüren, denn in ihren Augen beheimatet das Herz nichts anderes als Gott.

Der Schöpfungsprozess

Schöpfung

Einheit

Die absolute Existenz

Licht

Geist und Materie

Materialisierung
Vermehrung
(feinstoffliche und grobstoffliche Materie)

Kosmos

Leben

Vielfalt

Bewusstsein

Der Geist wird durch die Entwicklung der Materie seiner selbst bewusst.

Weiterentwicklung
(noch nicht eingetreten)

Mensch entwickelt sich zum höheren Wesen.

Vollkommenheit

Die Materie geht zunächst aus der Urquelle der Existenz in Form von Licht hervor. Im Prozess der Entwicklung, tritt die Materie, die als Mörtel unserer Welt dient, in Erscheinung.

Diese Materie besteht laut Erfan aus zwei Arten:

1. Die grobstoffliche (Körper,...) Materie
2. Die feinstoffliche Materie, welche in jeder Zelle vorhanden und verborgen ist. Sie ist die Seele und die Treibkraft, die das Universum vorantreibt und ihm Ziel und Richtung gibt. Sie ist die göttliche Essenz in den Bausteinen unserer Welt. Je fortschrittlicher ein Wesen in seiner Entwicklung ist, umso mehr blüht diese Essenz auf. (z. B. Intelligenz, Gefühle, Gedanken, Bewusstsein,....)

Khaneghah

Das Wort leitet sich vom persischen Wort Khane = Haus ab.
Schams Tabrizi erzählt eine Geschichte über das Entstehen der Khaneghah in der heutigen Form durch den Sufimeister Abu Said:
Einmal kamen einige mittellose Sufis in die Stadt Neishabur und Scheich Abu Said kümmerte sich um sie. Er verschaffte ihnen eine Bleibe und brachte ihnen, was sie benötigten. Dem König, der ein Anhänger des Scheichs war, kam dies zu Ohren und er ließ ihn zu sich kommen: „Oh Scheich, lasst ein Haus für die Sufis bauen, damit sie eine Unterkunft haben, in der sie alle beisammen sein und sich selbst versorgen können."
Der Scheich tat wie ihm geheißen und seitdem gibt es die Khaneghah der Sufis.
In der Khaneghah Abu Saids bekamen die Sufis zwei Mal am Tag zu essen. Die reichen Anhänger des Scheichs unterstützten Abu Said finanziell durch Geschenke und auf jede erdenkliche Weise.
Abu Said bat seine Schüler:
1. Das Tor zur Khaneghah soll immer offen sein, das Licht Tag und Nacht brennen und das Haus und der Hof immer sauber gehalten werden. Vor allem das Bad!

2. Es soll für jeden fremden Sufi, der die Khaneghah betritt, ein Sufi verantwortlich sein und sich um ihn kümmern. Ihn zunächst ins Bad führen, seine Gewänder waschen, ihm ein Bad zubereiten, ihn anschließend allen anwesenden Sufis vorstellen und ihm einen Platz zum Schlafen herzurichten.
3. Wenn ein fremder Sufi während des Essens oder dem Sama Ritual die Khaneghah betritt, soll er aufgefordert werden mitzuessen oder am Sama teilzunehmen, aber es steht ihm frei das Angebot anzunehmen. Wenn er nicht teilnehmen will, soll er gefragt werden, was er benötigt.
4. Der fremde Sufi soll nicht gefragt werden, woher er kommt noch wohin er geht. Nach und nach, wenn der Sufi selber über sich zu sprechen beginnt, kann man ihn nach seiner Herkunft und seinem Reiseziel befragen.
5. Die Sufis der Khaneghah sollen die fremden Gäste in die Gemeinschaft integrieren und sie nicht allein abseits stehen lassen.
6. Jeden Abend sollen die Sänger und Musiker der Stadt zur Khaneghah kommen und mit den Sufis ein Sama Ritual veranstalten.

Bis zum heutigen Tag sind diese Grundregeln Scheich Abu Saids in den Khaneghahs der Sufis erhalten geblieben. Sogar nach der großen Emigrationswelle der Iraner in Folge der islamischen Revolution 1979, gibt es in Europa und den U.S.A. , vor allem in den Großstädten, verschiedenste Sufiorden und viele der Sufimeister gründen ihre eigene Khaneghah, in denen diese Grundzüge befolgt werden.

Khergheh

(das offizielle Gewand der Sufis)

Wörtlich übersetzt heißt Khergheh, Flicken- oder Lumpengewand. Es war ein Zeichen der Armut, da es aus mehreren Flicken, Stoffresten bestand. Manchmal waren es so viele Stoffteile, die zusammengenäht wurden, dass sie, wie z. B. bei der Sufimeisterin Rabia, an die zehn Kilogramm schwer waren. Als sie beigesetzt wurde, trug sie als Zeichen der Ehre, ihre Khergheh.

Anfangs bestand die Khergheh aus einem groben Wollstoff, dessen Farbe eher dunkel gehalten wurde. Nach der Phase der „Entsagung", trugen die Sufis ihr Gewand in verschiedenen Farben. Jeder Sufi konnte die Farbe auswählen, die seinem momentanen Seelenzustand am meisten entsprach. Der Sufimeister Sohrewardi z. B. trug vorwiegend rote Gewänder.

Nach und nach wurde mehr Wert auf Schönheit gelegt, sodass die Ausschnitte und Ärmel mit Borten und Stickereien verziert und feinere Stoffe verarbeitet wurden.

Jedes Mal, wenn ein Jünger zum Sufi wurde, bekam er als Zeichen seiner Zugehörigkeit, eine Khergheh überreicht. Wenn die Sufis einander fragten: „Wer hat dir die Khergheh überreicht?", meinten sie damit:

„Wer war dein Meister?" Wenn ihnen jedoch ein gröberer Fehler unterlief, nahm der Meister die Khergheh wieder zurück.
Man sagt:
Eines Tages überreichte ein Meister seinem Schüler die Khergheh. Schebli, der bekannte Sufimeister war anwesend. Der neue Sufi wandte sich ihm zu und sagte:
„Ach, hätte ich doch auch noch Ihre Kopfbedeckung, denn die Farbe passt zu meinem neuen Gewand."
Schebli antwortete: „Komm' mit mir!"
Als sie sein Haus betraten, machte Schebli ein Feuer und bat den Sufi:
„Bitte zieh' deine Khergheh kurz aus und gib sie mir!"
Sowie der Sufi ihm sein Gewand überreicht hatte, warf Schebli sowohl seine Kopfbedeckung, als auch die Khergheh, mit den Worten ins Feuer: „Bitte deinen Meister erneut um eine Khergheh. Aber denke vorher über die wahre Bedeutung dieses Gewandes nach. Diese Khergheh war jedenfalls für's Feuer bestimmt, da du mehr Wert auf's Äußere gelegt hast. Sie sollte jedoch die Trennung von jeglichen Äußerlichkeiten bedeuten!"
Die Frauen trugen die gleiche Khergheh wie die Männer, nur dass sie ihnen von ihrer Sufimeisterin überreicht wurde.
Manchmal kam es vor, dass die Sufis beim Sama Tanz so sehr in Ekstase gerieten, dass sie ihr Gewand zerrissen. Es kam aber auch vor, dass sie ihre zerschlissene Khergheh absichtlich zerrissen, um so von ihrem Meister eine Neue zu erhalten.
Oft teilten die Anwesenden Sufis die einzelnen Flikken untereinander auf und pflegten sie zu sammeln. Später nähten sie daraus eine neue Khergheh, die manchmal aus vierzig bis fünfzig Teilen bestand. Wenn die Khergheh aus dem Besitz eines großen Sufi-

meisters stammte, wurde sie später teuer gehandelt. Man erzählt:

Einst wohnte ein Geistlicher einem Sama Ritual bei und beobachtete, wie ein in Ekstase geratener Sufi sein Gewand zerriss und auf die tanzenden Derwische warf. Er flüsterte seinem Nachbar zu: „Was für eine Verschwendung."

Dies kam dem Meister zu Ohren und er fragte: „Was kostet Eurer Meinung nach so eine Khergheh?"-Der Geistliche antwortete: „Ein Dinar." Der Meister stellte einem Sufi die Frage: „Was kostet ein Flicken?" Der Sufi erwiderte: „Eineinhalb Dinar." Der Meister sprach: „Wie Ihr seht, ist es keine Verschwendung, denn es kann vorkommen, dass ein Flickengewand aus bis zu fünfzig Einzelteilen besteht."

Sama

Den Drehtanz der Derwische nennt man Sama. Im antiken Persien war Musik die höchste Kunstform, die Musiker wurden sehr respektiert und genossen ein hohes Ansehen. Den persischen Sufis diente die Musik als Mittel, um die Verbindung zur höchsten Quelle herzustellen. Die Musik verkörperte allgemein das höchste seelische Erlebnis. Eine seelische Ekstase war für sie ohne Musik kaum vorstellbar. Darum war die Musik die ständige Begleiterin der Sufiversammlungen. Verwendet wurden vorwiegend Seiten (Tanbour, Laute) -, Blas- (Ney) und Schlaginstrumente (Rahmentrommel = Daf). Die Musiker begannen zunächst mit einem langsamen Rhythmus, den sie immer mehr steigerten, bis die Anwesenden in Ekstase verfielen.

Ghazali sagt: *„Im Menschen ist die göttliche Essenz verborgen. Genau wie das Feuer im Eisen. So wie die Funken beim Schlagen des Eisens springen, bewegt die Musik die göttliche Essenz des Menschen, sodass sie sich ausdrücken kann."*

Außerdem symbolisierte die Musik den Kosmos und die Welt. Die Sufis waren der Meinung, dass die Schönheit und Ordnung des Kosmos sich in der Musik widerspiegeln. Der Rhythmus in der Musik erinnert an den Rhythmus der kreisenden Planeten und

Himmelskörper.
Die islamischen Geistlichen waren im Allgemeinen gegen die Musik und den Tanz eingestellt, da die Musik im Arabien des Djaheliyya (vorislamischen Zeit, auch Zeit der Unwissenheit genannt), zu den niedrigsten Kunstrichtungen zählte und die Musiker zur niedrigsten Gesellschaftsschicht gehörten. Deswegen hatte der Prophet Mohammed kein gutes Bild von den Musikern.
Es gibt eine andere Ansicht, welche denen der Griechen ähnelt:
Jede Bewegung erzeugt eine Schwingung, die wiederum einen Klang hervorbringt. Wenn die Schwingung harmonisch ist, genießt der Mensch diese Musik. Das menschliche Ohr kann jedoch nicht alle Klänge wahrnehmen, die durch Schwingungen hervorgerufen werden. Die Bewegung der Planeten erzeugt ihrerseits Schwingungen und Klänge, die das menschliche Ohr nicht wahrnimmt. Da jedoch im Kosmos eine Ordnung existiert, muss die Schwingung der Planeten einen harmonischen Klang verursachen. Die Musik widerspiegelt diesen Wohlklang des Kosmos.
Der Drehtanz symbolisiert diese kreisende Bewegung der Planeten um die Sonne. Deswegen tanzt der Sufimeister in der Mitte und die Schüler drehen sich um ihn. Die Armhaltung stellt die Verbindung zwischen dem Himmel und der Erde her, indem die Rechte nach oben und die Linke nach unten, manchmal auch zum Herzen zeigt.

Eines Tages wie Mowlana mit seinen Schülern über den Bazaar ging, kamen sie am Geschäft des Goldschmieds Salah od-din Zarkub, einem großen Sufi und Anhänger Mowlanas, vorbei. Salah od-din und seine Lehrlinge waren ge-

rade dabei Gold zu schmieden. Durch die Schläge der Hämmer auf den Amboss entstand plötzlich ein eigener Rhythmus. Mowlana wurde vom Klang der Schläge so ergriffen, dass er seine Feder und Bücher fallen ließ und zu tanzen begann. Seine Schüler folgten ihm und sorgten auf dem Bazaar für Aufsehen. Alle kamen herbeigelaufen, sahen zu oder schlossen sich den Tanzenden an. Salah od-din, der diese Szene beobachtete, bat seine Lehrlinge mit ihrer Tätigkeit fortzufahren. Ein Lehrling erwähnte:
„Meister, das ganze Gold wird zunichte, wenn wir nicht aufhören."
Der Meister antwortete: „Das ist des Goldes wert."
Das Schauspiel dauerte von mittags bis abends, sodass der gesamte Boden im Geschäft mit feinem Goldstaub bedeckt war.
Der Lehrling sagte zum Meister:
„Es ist von den vielen Goldbarren nichts mehr übriggeblieben."
Salah od-din sprach:
„Was wir heute im Herzen der Menschen zurückließen, ist mehr wert, als das Gold!"

Man erzählt:
Der Sufimeister Sahl wurde beim Hören von Musik so ergriffen, dass er tagelang in einem beseelten Zustand verharrte. Sogar im Winter wurde sein Hemd nass vor lauter Aufregung.
Einmal sagten die Geistlichen zu ihm:
„Es ist nicht ohne Grund, dass unsere Religion die Musik verbietet. Sieh, wie sehr du aus dem Normalzustand herausgerissen wirst."
Sahl antwortete:
„Ich strebe fortwährend danach aus diesem Normalzustand, den ihr so sehr schätzt, herauszutreten. Musik wirkt wie

das Licht, welches auf den Spiegel der Seele trifft und die verborgene Wahrheit des Menschen reflektiert.
Euer Herz jedoch ist wie ein trüber Spiegel, der nicht mal mehr auf Licht reagiert!"
Der Zikr ist eine Meditationstechnik, bei der man eine der vielen Namen Gottes (= göttliche Eigenschaften), die der Meister einem gegeben hat, solange wiederholt, bis man an nichts anderes mehr denkt.
Einer der berühmten Sufimeister sagte zu seinen Schülern, sie sollten den Namen sooft wiederholen, bis sie selber zu diesem Namen wurden.

Schwarz auf Weiß

Eines Tages ritt ein älterer Mann zu Rabias Khaneghah. Als er näherkam, sah er eine Frau davor stehen und fragte sie: „Ich möchte zur Sufimeisterin Rabia!“ Sie antwortete: „Ich bin Rabia!“
Er stieg von seinem Pferd ab und wandte sich mit den Worten an sie: „Man hat mir sehr viel über Euch erzählt und ich habe einen weiten Weg auf mich genommen, um Euch zu treffen. Jetzt erkenne ich, dass kein Wort davon übertrieben war. Ich möchte um Eure Hand anhalten.“
Rabia sagte: „Treffe keine voreiligen Schlüsse. Ich muss dir etwas gestehen. Mein Kopf ist bedeckt und du hast meine weißen Haare noch nicht zu Gesicht bekommen.“ Der alte Mann räusperte sich gekünstelt, setzte sich aufs Pferd und ritt davon. Die Meisterin rief ihm hinterher: „Warte, willst du nicht doch einen Blick auf meine Haarpracht riskieren?“ Der Mann hielt augenblicklich inne und schaute zurück.
Rabia löste ihr Kopftuch und eine pechschwarze Mähne kam zum Vorschein. Auf der Stelle ritt er zurück.
Die Meisterin rief: „Du kommst umsonst zurück, denn ich wollte dir nur zeigen, dass dein weißer Bart die gleiche Wirkung auf mich hat, wie die weißen Haare einer Frau auf dich!“

Halladj auf dem Bazaar

Eines Tages beobachtete Halladj auf dem Bazaar, wie ein jüdischer Kaufmann beim Putzen seiner Geschäftsfassade, unabsichtlich einen muslimischen Passanten mit einem Tropfen Wasser bespritzte. Der Passant schrie ihn an: „Du Hund, hast mich besudelt!“

Halladj ging zu ihm und sprach: „Der einzige bellende Hund, den ich sehe, ist dein unbeherrschter Wutausbruch. Beim nächsten Mal, wenn du das Haus verlässt, vergiss nicht, ihm einen Maulkorb zu verpassen!“ Nach diesen Worten ging er schnellen Schrittes von dannen.
Der Passant lief hinter ihm her und entschuldigte sich. Halladj hielt inne und sprach: „Mein Freund, als Moslem bist du nicht mehr wert als ein Jude. Da er in eine jüdische Familie geboren wurde und du in eine muslimische, hat keiner von Euch seinen Glauben aus freien Stücken gewählt.
Das Christentum, das Judentum und der Islam sind in ihrer Bezeichnung verschieden, aber inhaltlich verfolgen sie das gleiche Ziel. Du brauchst dich nicht bei mir zu entschuldigen, sondern lieber bei dem, den du gebissen hast!“

Der Sufimeister Schebli und die Grammatik

Schebli, der berühmte Sufimeister, lernte als Kind Grammatik. Sein Lehrer bat ihn: „Zerlege diesen Satz. - Hassan schlug Fatima.“ Schebli fragte: „Warum hat er sie geschlagen?“ Der Lehrer erklärte: „Dies ist nur ein Beispiel, um die Materie besser zu verstehen.“ Schebli stand auf.
Der Lehrer fragte ihn überrascht: „Wohin gehst du?“ Schebli erwiderte darauf: „Ich will nicht eine Wissenschaft erlernen, die von vornherein mit Lüge und Gewalt beginnt!“

Die Pilgerfahrt

In der Morgendämmerung, als die Hadjkarawane die Tore der Stadt hinter sich ließ, um die Pilgerfahrt nach Mekka anzutreten, begegneten die Reisenden Bayazid, dem Sufimeister, welcher in die Stadt zurückkehrte. Als sie näherkamen, fragte der Meister die Pilger: „Wer seid ihr und wohin des Weges?“
„Wir sind Bürger dieser Stadt und auf dem Weg nach Mekka zum Hause Gottes, um das Hadjritual zu vollziehen.“ Der Sufi fragte: „Was ist das Ziel eurer Reise? Gott oder sein Haus?“ „Keine Frage, Gott natürlich!“ Bayazid sprach: „Nun, ihr braucht euch nicht soviel Mühe geben. Umkreist mich sieben Mal und kehrt nach Hause zurück!“

Die unbeglichene Schuld

Abol Hassan Kharaghani befand sich mit seinen Schülern auf einer Reise als ein Sturm aufkam. Sie gingen in ein nahegelegenes Dorf und klopften an die erste Tür.
Ein armer Bauer öffnete sie und Abol Hassan sagte zu ihm: „Guter Mann, wir sind in den Sturm geraten. Können wir diese Nacht in deiner Hütte verbringen?“
Der Bauer ließ sie eintreten und bat seine Frau:
„Wir haben Gäste, bitte bereite ihnen ein Essen zu.“
Die Frau antwortete: „Außer einer Ziege haben wir nichts.“ Der Bauer sagte: „Dann müssen wir sie schlachten.“
„Aber diese Ziege ist unser ein und alles. Wir werden verhungern. Bitte, denk an morgen,“ erwiderte die Frau. Der Bauer bestand darauf: „Es ist besser, wir verhungern, als dass unsere Gäste hungern müssen.“

Sie schlachteten die Ziege und bereiteten ein köstliches Abendmahl vor. Am darauffolgenden Tag sagte Abol Hassan vor der Abreise zu jenem Schüler, welcher die Reisekosten regelte: „Gebe das ganze Geld, welches wir dabeihaben, dem Bauern." Der Schüler bemerkte: „Das ist zuviel. Er hat ja nur eine Ziege geschlachtet."
Abol Hassan antwortete: „Er hat alles, was er besaß geopfert und wir opfern einen Teil unseres Besitzes. Und dies ist nicht einmal die Belohnung, die ihm für seine Großzügigkeit zusteht. Unsere Schuld ist noch nicht beglichen!"

Ein weises Wort

Einmal sollte Scheich Abu Said in der Hauptmoschee der Stadt Neishabur eine Rede halten. Als er dort ankam, hatte sich bereits eine große Menschenmenge vor der Moschee versammelt.
Der Scheich trat ein, ging zum Altar und wartete bis alle Platz nahmen. Obwohl sich die Moschee allmählich füllte, strömten immer noch Menschen herein. Um die hinzukommenden Gäste im Saal unterzubringen, verkündete der Diener der Moschee: „Jeder soll sich von der Stelle, an der er sich gerade befindet, einen Schritt nach vorne begeben!"
Der Scheich schlug voller Zufriedenheit mit dem Stock auf den Boden, um die Aufmerksamkeit der Menge auf sich zu richten, und sprach: „Alles, was ich heute sagen wollte, hat dieser weise Mann bereits ausgesprochen!" Nach diesen Worten erhob sich der Meister und verließ die Moschee.

Rabia

Die Sufimeisterin Rabia al Adawiya wurde im 9. Jahrhundert in der Stadt Bassreh geboren. Ihr Vater war ein angesehener und reicher Wohltäter der Stadt, der seine vierte Tochter, Rabia, besonders wegen ihrer Intelligenz schätzte und förderte. Sie wurde zusätzlich zum umfassenden Allgemeinwissen auch in Musik unterrichtet. Als sie in die Pubertät kam, wurde die Stadt von einer Dürreperiode erfasst und ihre Familie verarmte. Kurze Zeit drauf starben ihre Eltern, ihre Schwestern heirateten und verließen das Elternhaus und sie blieb allein zurück.
Ein Bekannter ihres Vaters, dem jener noch Geld schuldete, nahm Rabia bei sich auf, verkaufte sie aber nach einiger Zeit als Dienerin, an einen gebildeten und gütigen Herrn. Wie er sah, dass sie gebildet war, kam er ihrem Wunsch, sie freizulassen mit den Worten nach: „Ich lasse dich frei. Wenn du hier bleibst, sorge ich für dich, wenn du aber gehen willst, kannst du dies tun."
Nachdem sie ihre Freiheit erlangt hatte, verdiente sie ihren Lebensunterhalt eine Weile durch Singen und Musizieren. Als sie Sufimeisterin wurde, spielte sie jedoch nicht mehr in der Öffentlichkeit.
Eines Tages besuchte sie in Bassreh Hassan Bassri, den bekannten Sufimeister und war von seinen Reden so ange-

tan, dass sie im Laufe der Zeit selber Sufimeisterin wurde. Man sagt, dass sie tagsüber immer ins Gebirge ging, um dort nachzudenken. Da Hassan Bassri sie sehr ehrte und neugierig war, was sie jeden Tag im Gebirge tatsächlich tat, ging er ihr eines Tages nach und sah, dass zwei Rehe bei ihr saßen und von ihr gestreichelt wurden. Sowie er sich näherte, liefen sie davon. Er sagte gekränkt: „Warum sind sie vor dir nicht davongelaufen und ließen sich sogar von dir streicheln?" Sie fragte ihn: „Habt Ihr heute gegessen?" Er antwortete: „Ja!" Sie fragte erneut:„Fleisch?" Er erwiderte: „Ja!" Sie sprach:„Wieso wundert Ihr Euch dann darüber, dass die Rehe geflüchtet sind?"

Sie heiratete nie und gründete als Sufimeisterin ihren eigenen Orden. Obwohl viele Reiche der Stadt ihrer Khaneghah Geld zukommen lassen wollten, hat sie diese Hilfe nie in Anspruch genommen, sondern im Gegenteil sogar sehr einfach gelebt. Sie trug stets ihre Khergheh, die verschlissen war, benutzte einen gebrochenen Krug zum Wassertrinken, schlief auf einer einfachen Strohmatte und ein Ziegelstein diente ihr als Kissen.

Am Ende ihres Lebens ging sie nach Jerusalem, wo ein Sufimeister nach ihrem Tod sagte: *„Ich kannte sie jahrelang und habe nie eine einzige Beschwerde von ihr gehört. Sie war immer zufrieden."*

Weder im Himmel, noch unter der Erde

Als ein Sufimeister schwer krank wurde, besuchte ihn ein Freund. Der Meister sagte zu ihm: „Mein herannahender Tod stimmt mich weniger traurig als die Tatsache, dass ich nicht genug Zeit habe, um meinem besten Jünger die Wahrheit, die der Erfanlehre zugrunde liegt, näherzubringen." Nach diesen Worten gab er dem Freund eine Schatulle: „Wenn ich gestorben bin, überreiche sie meinem besten Schüler."

Wie der Sufimeister das Zeitliche gesegnet hatte, tat der Freund wie ihm geheißen. Dieser Schüler, welcher das ganze Wissen seines Meisters in Händen zu halten glaubte, öffnete die Schatulle und fand darin eine Schatzkarte. Auf dem Pergament stand geschrieben: „Wähle den höchsten Gipfel in der Umgebung der Stadt und begebe dich hinauf.

Oben angelangt wirst du sehen, dass dies ein schlafender Vulkan ist. Gehe bis zum tiefsten Punkt des Kraters, spanne einen Pfeil in deinen Bogen und warte bis die Sonne aufgeht. Sobald du die ersten Sonnenstrahlen siehst, ziele auf sie und schieße einen Pfeil in ihre Richtung ab. Dort wo der Pfeil stecken bleibt, liegt der Schatz verborgen."

Der Schüler warf sich einen warmen Umhang über, packte Proviant, Pfeil und Bogen ein und machte sich auf den Weg zum Vulkan. Am Abend erreichte er den Gipfel, kletterte in den Krater und wartete auf die Morgendämmerung. Als die ersten Sonnenstrahlen sich am Himmel zeigten, bereitete er den Pfeil vor, zielte auf die Sonne und schoss mit aller Kraft den Pfeil ab. Der Pfeil prallte am Rand des Kraters ab und fiel vor seine Füße. Er versuchte es erneut, aber wieder landete der Pfeil bei ihm. Den ganzen Tag wie-

derholte sich dieses Spiel, während die Sonne den Himmel überquerte. Am Abend kehrte er müde und enttäuscht in die Khaneghah zurück.
Diese Begebenheit machte in der Stadt die Runde, bis sie schließlich dem Statthalter zu Ohren kam. Er schickte seine besten Schützen, auf die Suche nach dem Schatz. Doch auch sie kamen mit leeren Händen zurück. Nun pilgerten die Bewohner der Stadt auf den Gipfel, um den Schatz zu bergen.
Einige Tage später besuchte der Freund den Schüler in der Khaneghah und fragte ihn: „Was war in der Schatulle verborgen?" Der Schüler antwortete: „Ich glaube der Meister hat sich mit mir einen Scherz erlaubt." Und erzählte ihm die ganze Geschichte.
Der Freund sprach: „Es war kein Scherz. In Wahrheit hast du den Schatz gefunden."
Der Schüler fragte erstaunt: „Welchen Schatz? Ich habe den Pfeil vergebens in jede Richtung abgeschossen, aber er blieb nirgends stecken." Der Freund sagte: „Auf dem Pergament stand geschrieben - Dort wo der Pfeil landet, liegt der Schatz verborgen. - Jedes Mal ist der Pfeil wieder vor deinen Füßen gelandet. Du selbst bist der Schatz, den du suchst. Dein Meister wollte dir damit zeigen, dass die höchste Wahrheit weder im Himmel, noch unter der Erde, sondern in dir selbst zu finden ist!"

Arm und Reich beim jüngsten Gericht

Der Sohn eines Reichen und der Sohn eines Derwisch begegneten sich eines Tages auf einem Friedhof. Der Sohn des Reichen sagte: „Sogar nach dem Tode bleibt der Unterschied zwischen Arm und Reich bestehen. Das Grab meines Vaters schmückt ein Marmorstein,

welcher dreihundert Kilogramm wiegt.
Das Grab deines Vaters jedoch, bedeckt nur eine Handvoll Erde." Der Sohn des Derwisch erwiderte: „Du täuschst dich. Bis dein Vater sich am Tag des Jüngsten Gerichts unter dem schweren Marmorstein zu regen beginnt, ist mein Vater schon längst im Paradies angekommen!"

Ebrahim Adham

Einst gab der König Ebrahim Adham zu Hofe eine Audienz. Währenddessen kam ein Derwisch mit seinem Esel in den Palast.
Ein Wächter versperrte ihm den Weg und fragte: „Was hast du hier mit deinem Esel verloren?" Der Derwisch übergab die Zügel seines Esels dem Wächter und bat ihn: „Versorge diesen Esel, bis ich mich in dieser Karawansarei ein wenig ausgeruht habe."
Der Wächter schrie außer sich: „Bist du verrückt oder blind? Siehst du nicht, dass dies der Palast des Königs und keine Karawansarei ist?" Der Derwisch bemerkte gelassen: „Willst du etwa behaupten, dass ich nicht weiß, was eine Karawanserei ist? Ich glaube eher, dass du von Sinnen bist, da du diese Karawanserei für einen Palast hältst." Der König, aufmerksam geworden durch das Stimmengewirr draußen, stand am Fenster und befahl: „Lasst ihn zu mir kommen."
Der Derwisch begab sich in das Gemach, begrüßte den König und fragte: „Bist du der Besitzer der Karawanserei? Sag' deinen Dienern, sie sollen sich um meinen Esel kümmern und mir ein Zimmer vorbereiten!"
Der König und sein Gefolge brachen in ein Gelächter aus: „Wie in aller Welt kommst du darauf, dass dies eine Karawansarei sei?" fragte der König. Der Der-

wisch antwortete: „Wer war vor dir hier an diesem Ort?“ Der König meinte: „Mein Vater:“ Dann fragte der Derwisch wieder: „Und vor deinem Vater?“ „Mein Großvater.“ „Und vor ihm?“ „Mein Urgroßvater.“ „Siehst du, wie Reisende kamen und gingen sie. Sowie auch du mal gehen wirst. Sag' mir nun, dass dies keine Karawanserei ist!“

Das Geheimnis der Schöpfung

Ein Schüler fragte seinen Meister nach dem Geheimnis der Schöpfung. Der Meister, welcher im Schatten eines großen Feigenbaums saß, bat ihn: „Pflücke eine Feige und öffne sie.“
Der Schüler tat dies. Der Meister fragte ihn darauf: „Was siehst du drin?“ Der Schüler antwortete: „Unzählige Kerne.“ Der Meister sagte: „Dieser Baum ist aus einem dieser Kerne entstanden. Nun, nimm einen Kern und öffne ihn.“ Der Schüler tat erneut, wie ihm geheißen und bemerkte: „Es gibt nichts zu sehen.“ Der Meister sprach: „Dies, ist das Geheimnis der Schöpfung!“

Wer ist der Asket?

Zu einem Festmahl, war einst ein Sufi am Hofe des Königs zu Gast. Als er den Palast betrat, rief der König: „Da kommt ein demütiger Asket.“
Der Sufi sagte: „Du irrst dich, oh König! Denn du bist der eigentliche Asket, nicht ich.“ Verwundert fragte der König: „Ich habe keine Ahnung, wovon du sprichst.“ Der Sufi erklärte: „Mir liegt die ganze Welt zu Füßen. Ich kann gehen, wohin es mir beliebt, schlafen, wo es mir gefällt und leben, wie ich will.

Ich bin frei, wie ein Vogel am Himmel. Du jedoch, hast dich mit ein paar Kurtisanen, Gewändern, einigen Gemächern und einer Kutsche zufrieden gegeben. Sag' mir nun, bin ich der Asket oder du?"

Der Sufi und die Geldkatze

Einst schenkte der Kalif dem berühmten Sufimeister Schebli viertausend Dinar. Kurz darauf warf der Meister die Geldkatze in den Fluss Tigris.
Man fragte ihn: „Was machst du da?" „Ich befreie mich von der Last des Goldes," antwortete er. „Warum gibst du es nicht deinen Freunden?" fragten sie.
Er erklärte: „Wie kann ich dies mit meinem Gewissen vereinbaren; die Last von meinen Schultern zu nehmen und einem Freund aufzuerlegen?"

Die Bürde der Macht

Ein kinderloser König machte sich Sorgen um einen Nachfolger.
Als er alt und krank wurde, begannen die nahen Verwandten, sich um die Krone zu reißen.
Dies erzürnte den König so sehr, dass er befahl, den ersten Reisenden, welcher nach seinem Tode durch das Stadttor kommen sollte, die Krone aufzusetzen.
Wie es der Zufall so wollte, traf es einen mittellosen Derwisch.
Nach einem Jahr besuchte ihn ein befreundeter Derwisch und gratulierte ihm zu seinem Glück.
Er antwortete: „Es gibt keinen Anlass, mir zu gratulieren. Im Gegenteil, dein Beileid wäre angebrachter."
Sein Freund fragte überrascht nach dem Grund.
Er erwiderte: „Damals trug ich die Sorge um mein

Abendbrot im Herzen, heute aber die Last der Welt auf den Schultern!“

Der Adelige der Sufis

Eines Tages wurde Scheich Abu Said in Neishabur auf einen großen Empfang der Adeligen der Stadt eingeladen. Die Ausrufer riefen die Namen jedes eingetroffenen Gastes laut aus.
Als Scheich Abu Said hereinkam, hielten sie inne, da sie nicht wussten, wie sein Titel lautete.
Sie fragten die Anhänger des Scheichs: „Wie sollen wir den Meister betiteln?“ Der Scheich hörte dies und sagte: „Geht hinein und verkündet: ‚Der Niemand von dem Niemand ist eingetroffen!‘“

Wie ich Toleranz lernte

Saadi erzählt: Ich erinnere mich, dass ich in meiner Kindheit fromm und religiös war. Eines Nachts in einer Karawanserei saß ich neben meinem Vater und rezitierte bis zum Morgengrauen aus dem heiligen Buch, die Verse des Koran.
Mehrere Reisende schliefen in unserem Beisein. Ich sagte zu meinem Vater: „Keiner erhebt sich, um das Morgengebet zu verrichten. Sie schlafen so tief, als ob sie nie wieder aufwachen würden.“
Mein Vater antwortete: „Oh mein lieber Sohn, es wäre sowohl für dich, als auch für die Anderen besser, wenn auch du schlafen würdest, statt den Anderen im Nakken zu sitzen!“

Eine ehrliche Antwort

Ein ungerechter König fragte einmal einen Derwisch: „Wir haben uns schon lange nicht mehr gesehen. Hast du in der Zwischenzeit je an mich gedacht?“ „Ja, jedes Mal, wenn ich Gott vergaß!“

Das wahre Wesen des Sufitums

Man fragte einen zeitgenössischen Sufi: „Was ist das wahre Wesen des Sufitums?“ Der Meister sprach: „Sie waren einst eine Gemeinschaft, äußerlich zerstreut und innerlich zusammen. Heutzutage sind sie äußerlich zusammen und innerlich zerstreut!

Der Granatapfel

Mowlana Djalal od-din Rumi saß mit einem Schüler im Garten unter einem Granatapfelbaum. Der Meister stellte ihm die Frage: „Warum hat man den Granatapfel als Wahrzeichen des Erfan ausgewählt?“
Der Schüler hatte keine Antwort auf diese Frage. Der Meister hob die Hand, pflückte einen Granatapfel, öffnete ihn und fragte: „Was siehst du drin?“
Der Schüler antwortete: „Unzählige Kerne.“ Der Meister bat ihn: „Nimm einen Kern heraus und sage mir, was du nun siehst.“
Der Schüler stellte fest: „Diese Kerne haben jeweils noch einen Kern.“ Der Meister sprach: „Dieser Granatapfel zeigt die Botschaft des Universums. Das Universum besteht aus unzähligen Galaxien, welche wiederum unzählige Sterne beherbergen. Aber wenn du sie genau betrachtest, siehst du, dass alle Teile eines einzigen Körpers sind.

Genau wie dieser Granatapfel. Von innen betrachtet, siehst du die Vielfalt, von außen jedoch, wird die Einheit sichtbar!"

Der beste Weg, Plagegeister loszuwerden

Ein Anhänger fragte seinen Meister: „Ich habe zu viele Freunde, die mich häufig aufsuchen und meine Zeit in Anspruch nehmen. Es ist mir eine wahre Plage. Was soll ich tun?"
Der Meister antwortete: „Bitte die Reicheren um Geld und leihe den Ärmeren welches. Sei getrost, du wirst sie nie wieder zu Gesicht bekommen!"

Das Salz und die Ungerechtigkeit

Man berichtet von Nuschirwan, dem Gerechten, wie er in seinem Jagdrevier einen Hirschen auf dem Feuer briet. Das Salz fehlte. Er sandte einen Diener in ein nahegelegenes Dorf, um Salz zu holen.
Nuschirwan befahl ihm: „Zahle für das Salz den üblichen Preis, damit das Dorf nicht zu Grunde geht."
Verwundert fragte der Diener: „Was kann der Salzpreis schon anrichten?"
Nuschirwan sprach: „Die Ungerechtigkeit war zu Anfang der Welt auch klein. Aber jede hat ihr eine weitere Kleinigkeit hinzugefügt und seht, wo wir nun heute stehen!"

Das falsche Spiegelbild

Als Schams eines Tages in den Gassen der Stadt unterwegs war, beobachtete er einen Derwisch, welcher einem Jüngling nachstellte und ihn mit schönen Wor-

ten zu verführen versuchte.
Schams rief dem Derwisch zu: „He, was machst du da?“ Während der Junge hastig davonlief, blieb der Derwisch stehen: „Das Antlitz der Schönen ist ein Spiegel. Ich betrachte Gott darin.“
Schams antwortete: „Du Dummkopf! Unter Abertausenden von Erscheinungsformen hast du sein Antlitz ausgerechnet in einem Jüngling wiedererkannt? Warum betrachtest du ihn überhaupt im Spiegel des Fleisches und nicht im Spiegel der Seele und des Geistes? Diese Lehre wurde dir beigebracht, damit du deine wahre Identität erkennst.
Finde Gott zunächst in dir selber. Dann könntest du sicher sein, mein Freund, Gott würde seine Zeit nicht damit vergeuden einem Jüngling nachzustellen!“

Der geldgierige König und der schlagfertige Sufi

Ein König traf unterwegs einen Sufi, bot ihm Geld an und bat: „Nimm' das Geld und bete für mich.“
Der Sufi antwortete: „Behalte dein Geld und regiere das Land mit Gerechtigkeit und Edelmut, dann brauchst du die Gunst der Menschen nicht auf diese Weise zu erwerben.“
Der beleidigte König erwiderte: „Stimmt es, dass der Prophet gesagt hat, dass ein König im Himmel und ein Derwisch in der Hölle landen kann?“
Der Derwisch antwortete unmittelbar: „Dies sind jene Derwische, welche sich in die Gesellschaft von Königen begeben. Und jene Könige, die auf den Rat der Derwische befolgen!“

Eine gute Frage

Ein junger Mann fragte einen Geistlichen: „Was ist die wahre Botschaft des Islam?„
Ein Sufi war anwesend und erwiderte sofort darauf: „Er ist ein Geistlicher und Theologe, wie um alles in der Welt soll er das wissen?"

Ein Meister zieht in den Krieg

Als das mongolische Heer die Stadt Kharazm erreichte, schickte Dschingis Khan seinen obersten General zum berühmten Sufimeister Nadjm od-din in die Stadt, um ihm die Erlaubnis zu erteilen, vor Kriegsbeginn mit zehn Angehörigen die Stadt zu verlassen.
Nadjm od-din antwortete dem General: „Überbringe dem Khan meinen Dank, aber die Anzahl meiner Angehörigen ist weitaus größer."
Der General erwiderte: „Dann verlasst die Stadt mit hundert Leuten." Der Meister bemerkte: „Es sind mehr als Hundert." Der General erklärte: „Ich bin nicht befugt, diese Entscheidung zu fällen. Wartet, bis ich mit dem großen Dschingis Khan gesprochen habe."
Nach einer Stunde kehrte er zurück und verkündete: „Ihr dürft gnädigerweise die Stadt mit tausend Angehörigen verlassen." Nadjm od-din sagte: „Es sind sogar mehr als Tausend." Der General fragte gleichzeitig verwundert und zornig: „Wie viele Angehörige habt Ihr denn?" Der Sufi antwortete: „Alle Einwohner Kharazms. Ich habe siebzig Jahre meines Lebens hier verbracht und mit ihnen sowohl Leid und als auch Freude geteilt. Wie kann ich sie unter solch widrigen Umständen im Stich lassen?"

Der General sagte ungehalten: „Dann bleibt hier und lasst Euch töten!“
Nadjm od-din sprach: „Ich habe mein Leben gelebt und fürchte mich nicht vor dem Tod. Du jedoch, nimm' dich in acht, dass du nicht in meine Schusslinie kommst, wenn ich Schulter an Schulter mit meinen Freunden gegen Euch kämpfe!“
Der mongolische General erwiderte lachend: „Das werden wir ja sehen.“ Er setzte sich auf sein Pferd und ritt zurück.
Wie die Schlacht begann, nahm Nadjm od-din einen Stein, begab sich zum Kampfplatz und wartete. Nach einigen Stunden sah er jenen General auf sich zureiten. Er zielte, wartete bis er näher kam und warf den Stein mit aller Kraft nach ihm. Der Stein traf dessen Kopf und schleuderte ihn vom Pferd.
Der blutüberströmte Mongole schrie vor Zorn auf, zückte sein Schwert und stieß es mit aller Wucht in des Sufis Herz. In letzter Sekunde griff der Scheich nach dessen Zopf, den er, wie alle mongolischen Männer, auf seinem Scheitel zu tragen pflegte.
Vierundzwanzig Stunden später, als die Mongolen die Leichen einsammelten, hörten sie die Hilfeschreie eines Kriegsgefährten. Beim Näherkommen sahen sie jenen General, der sich dem festen Griff des Sufimeisters nicht hatte entziehen können, verzweifelt um sich schlagen. Beim Erblicken der Soldaten, rief er ihnen, den Tränen nahe, zu: „Bitte befreit mich von diesem Dämon!“ Durch die Schreie aufmerksam geworden, befahl Dschingis Khan drei seiner Soldaten, dem General zu Hilfe zu eilen: „Der Zopf des Generals ist ein Zeichen seiner Würde und Männlichkeit. Seid besonders vorsichtig und beschädigt nichts!“

So sehr die Soldaten sich auch bemühten, gelang es ihnen nicht den Griff des toten Meisters zu lockern. Schließlich mussten sie dem erschöpften General notgedrungen den Zopf abschneiden.
Er atmete erleichtert auf, und sagte verdrießlich:„In keinem der Kämpfe, die ich geführt habe, ist mir je eine solche Schande widerfahren.“ Dschingis Khan antwortete: „Sei froh, dass er nicht deinen Hals umschlungen hat, sonst hätten wir dich von deinem Haupt trennen müssen!“

Eine Nacht in menschlicher Gesellschaft

Eines Tages ging Abu Said mit einigen Sufis auf Wanderschaft. Unterwegs lag ein übelriechender Haufen. Die Sufis hielten sich alle die Nasen zu und flüchteten, bis auf den Scheich Abu Said, welcher dort stehen blieb und ihnen nachrief: „Oh Freunde, wisst ihr, was dieser Haufen euch zu sagen hat?
Er sagt: „Gestern Nacht war ich euch ein köstliches Mahl. Ihr habt alle eure Geldkatzen gezückt, um mich zu erlangen. Nur eine Nacht lang, vertraute ich euch und dies ist nun mein Zustand.
Seid mal ehrlich, soll ich vor euch davonlaufen oder ihr vor mir?“

Die Vorteile der Blindheit

Ein im Krieg erblindeter Tyrann bat einst einen Sufi: „Bete für mich, wieder sehen zu können.“
Der Sufi antwortete: „Es ist für dich besser, blind zu bleiben.“ Verwundert fragte der Tyrann: „Warum?“

„Damit du dich am Tage des jüngsten Gerichts im Angesicht deines Schöpfers, nicht zu schämen brauchst!"

Der Gesang der Oase

Saadi erinnert sich, die ganze Nacht mit einer Karawane die Wüste durchquert und früh morgens in einer Oase den Schlaf gefunden zu haben. Ein Derwisch begleitete uns auf jener Reise. Plötzlich hörte ich ihn schreien, in der Wüste hin- und herlaufen, tanzend, wie von Sinnen. Als es Tag wurde, fragte ich ihn: „Was überkam dich letzte Nacht?"
Der Derwisch sagte: „Ich hörte den Gesang der Nachtigallen von den Bäumen erklingen, das Kreischen der Fasane von den weiten Bergen, das Quaken der Frösche im Gewässer und das Brüllen der Tiger im Gebüsch.
Ich dachte mir, es ist nicht recht, dass ich, die Krone der Schöpfung, dem ahnungslosen Schlaf verfallen bin, während alle anderen Geschöpfe das Fest des Daseins feiern!"

Drei Gründe für die Schöpfung

Ein Derwisch fragte eines Tages Scheich Abu Said: „Warum schuf Gott die Menschen?"
Der Scheich sprach: „Erstens, wollte er sich selbst im Spiegel der Welt betrachten. Somit schuf er unzählige Augen. Zweitens, hat er eine Welt voller Genüsse erschaffen. Deshalb brauchte er so viele Nutznießer. Und drittens, ist seine Gnade grenzenlos und dies benötigt unendlich viele Sünder!"

Halladj

Hossein ebn Mansour, bekannt als Halladj, wurde im 9. Jahrhundert in der Provinz Fars geboren. Sein Vater, ein Wollkrempler, war ein Anhänger Zarathustras. Er bekehrte sich später zum Islam.
Halladj begann im Alter von 16 Jahren bei dem Sufimeister Sahl die Grundlehren des Sufismus zu studieren. Halladj war einer der ersten Sufis Persiens, welcher dem Sufismus eine pantheistische Richtung gab. Nach zwei Jahren Lehrzeit bei Sahl begab er sich nach Baghdad und begann zuerst bei Amr und später Djoneyd, den bekanntesten Sufimeistern Bagdads, seine Studien fortzusetzen. Bei Amr wurde er zum Sufi und erhielt die Khergheh, das offizielle Sufigewand. Seine ekstatischen Reden verursachten in Baghdad Unruhen und er war gezwungen die Stadt zu verlassen. Zunächst reiste er nach Persien und machte die Bekanntschaft mit Zarathustras und Manis Anhängern. Danach ging er nach Indien und lernte sowohl die Kunst der Magie von den indischen Asketen, als auch Buddhas Lehre näher kennen. Zum Abschluss pilgerte er nach Mekka.
Nach seiner Rückkehr versammelte sich eine große Anhängerschar um ihn, wodurch sich der Klerus bedroht fühlte. Sein bekanntester Ausspruch:
„An al Hagh.“ „Ich bin Gott.“, fiel in diese Zeit und gab

dem Klerus einen guten Vorwand, ihn einzukerkern. Er verbrachte acht Jahre im Gefängnis.
Bei seiner letzten Verhandlung wurde er zum Tode durch Kreuzigung verurteilt. Zuerst wurde er ausgepeitscht, dann ans Kreuz genagelt, anschließend wurden seine Gliedmaßen einzeln abgehackt. Am Tag darauf verbrannten sie seinen Leichnam und verstreuten seine Asche von den Minaretten der Moscheen.
Als sie ihm ein Bein und eine Hand abgetrennt hatten, befreite er seine zweite Hand und beschmierte sein Gesicht mit Blut.
Wie der Kadi ihn nach dem Grund fragte, sagte er: „Ich spürte das Blut aus meinem Gesicht weichen und wollte nicht, dass Ihr mein gelbes Antlitz der Furcht zuordnet."
Anschließend begann er mit seinem eigenen Blut das Waschritual, welches die Muslime vor dem Gebet vollziehen, auszuüben.
Der Richter fragte: „Was machst du nun?"
Er erwiderte: „Das Waschritual im Gebet der Liebe wird mit Blut vollzogen."
Seine Hinrichtung beeinflusste die Weiterentwicklung des Sufismus in diesem Sinne, dass die Sufimeister Persiens ihre Reden, Gedichte und Weisheiten symbolisch und doppeldeutig mitteilten, um der Blasphemie zu entgehen.
Sein Name ist bei den Sufis Persiens seitdem eine Legende. Es gibt von den Sufis fast kein Lied und kein Gedicht, in dem sein Name nicht vorkommt.

Bewegung ist Leben

Eines Tages suchte die Frau eines Sufi, welcher in Bayazids Khaneghah diente, den Meister auf und klagte: „Bevor ich meinen Mann heiratete, pflegte er ausgiebige Erlebnisreisen zu machen.
Obwohl ihm klar ist, in welcher Notlage wir uns nun befinden, hat er die Stadt erneut verlassen und es ist ungewiss, wann er wiederkehrt.
Ich wollte Euch bitten, bei seiner Rückkehr ein ernstes Wort mit ihm zu sprechen." Bayazid gab ihr sein Wort und schickte sie nach Hause. Der besagte Sufi kehrte eines Tages von seiner Reise zurück und nahm seine Arbeit in der Khaneghah wieder auf.
Bayazid fragte ihn: „Du reist sehr viel! Es kommt mir so vor, als ob du ständig auf der Flucht vor deinen Pflichten bist."
Er antwortete: „Wenn das Wasser im Teich lange steht, wird es faulig." Bayazid sprach: „Wenn du dich davor fürchtest, dann sei wie der Ozean und bewege dich in dir selbst!"

Die beste Religion

In Mekka hatte sich eine große Menschenmenge um einen Juden versammelt und diskutierte mit ihm.
Ein Araber sagte: „Weil der Islam die letzte große Religion ist, bedeutet dies, dass es die Beste ist!
Der Stolz der Muslime kommt daher, dass Gott die beste Religion für sie auserwählt hat."
Halladj, der dies hörte, sprach: „Dies kann auch anders ausgelegt werden. Schon lange vor unserer Zeit hat Gott jedem Volk einen Propheten gesandt. Uns hat er als Letzte seiner würdig befunden!"

Der heimliche Wohltäter

Ein Sufi und ein Theologiestudent führten bei einer Versammlung ein Streitgespräch. Der Sufi behauptete: „Mein Meister sagte, jeder, der die Khaneghah betritt, bekommt von Euch Essen angeboten, ohne ihn nach seinem Glauben zu befragen."

Der Theologiestudent erwiderte: „Mein Meister pflegt des Nachts selber heimlich die Armen aufzusuchen und ihnen Essen zu bringen." Ein Anwesender bemerkte: „Vorgestern habe ich selber deinen Meister beobachtet, wie er die Bettler schimpfend aus der Moschee vertrieb."

Der Theologiestudent antwortete: „Er tut dies aus Absicht, damit niemand weiß, dass er derjenige ist, welcher den Bettlern heimlich unter die Arme greift."

Der Sufi behauptete: „Mein Meister füttert sogar die herumstreunenden Hunde, denn er sagt, auch wenn die Steppe mit Schnee bedeckt ist, finden die Wölfe ein Fressen, während ihre Verwandten, die Hunde, auf Grund ihrer Freundschaft mit den Menschen verhungern."

Der Theologiestudent sagte: „Mein Meister füttert alle Tierarten. Er schleicht sich frühmorgens heimlich in den Wald und bringt den Tieren Futter." Ein weiterer Anwesender bemerkte: „Letzte Woche sah ich deinen Meister, wie er einen Straßenköter, der in sein Haus gelaufen war, schlug und dann verjagte."

Der Theologiestudent antwortete: „Dies tut er aus reiner Absicht, damit niemand ihm Vorwürfe machen kann, dass er die unreinen Hunde in sein Haus lässt."

Der Sufi sprach: „Mein Meister fastet jedes Mal, wenn er einen Bettler sieht, um sein Mitgefühl für dessen Notlage auszudrücken."

Der Theologiestudent sagte: „Mein Meister fastet nicht nur während des Fastenmonats Ramadan, sondern das ganze Jahr über." Wieder erzählte einer der Zuhörer: „Ich lebe in der Nachbarschaft deines Meisters. Im letzten Fastenmonat, ging ich einmal aufs Dach und sah durchs Fenster deinen Meister mitten im Ramadan heimlich essen."
Der Theologiestudent dachte eine Weile nach und erklärte: „Dies macht er sicherlich zum Schein, damit niemand weiß, dass er fastet!"

Die Wiedergutmachung

Wie Bayazid von einer Reise nach Bastam zurückkehrte, machte er unterwegs an einer Quelle halt und nahm aus seinem Beutel ein Stück Kuchen.
Er aß ein wenig davon und schlief ein. Nachdem er aufgewacht war, gab er den Rest des Kuchens in seinen Beutel und kehrte in die Stadt zurück.
Als er zuhause seinen Beutel auspackte, bemerkte er auf dem Kuchen einige Ameisen. Er packte wieder alles zusammen und machte sich auf den Weg.
Seine Mutter lief hinter ihm her und fragte: „Du bist doch gerade erst zurückgekehrt, wohin gehst du nun schon wieder?"
Bayazid sprach: „Ich habe eine Ameisenfamilie obdachlos gemacht und bringe sie jetzt nach Hause zurück!"

Ein anschauliches Beispiel

Khadje Zahir od-din, ein berühmter Theologe, war mit Schah Nematollah Wali bei einer Versammlung.
Ein Autor bat sie beide jeweils ein anschauliches Bei-

spiel für das Verhältnis zwischen dem Schöpfer und den Geschöpfen zu geben.
Khadje Zahir od-din sagte: „Wir sind Schatten und er ist die Sonne. Erst, wenn sie zu scheinen beginnt, erscheinen wir." Nematollah antwortete: „Er ist der Ozean und wir die Wellen. Scheinbar verschieden, sind wir in Wahrheit ein und dasselbe."

Der einzige Ketzer

Die Geistlichen beschlossen Bayazid aus Bastam zu verbannen. Vor dem Stadttor fragte Bayazid: „Nennt mir einen triftigen Grund, warum ihr mich aus meiner Heimat vertreiben wollt." Sie antworteten: „Weil du ein Ketzer bist!"
Bayazid sprach: „Wenn ich der einzige Ketzer bin, den ihr hier ausfindig machen konntet, dann muss diese Stadt von Engeln bevölkert sein!"

Güte ist Belohnung genug

Eines Tages sahen die Einwohner der Stadt im Vorbeigehen die Sufimeisterin Rabia vor der Moschee stehend, mit einer Fackel in der rechten und einem Krug voll Wasser in der linken Hand.
Sie dachten, dass sie eine Rede halten würde und versammelten sich um sie. Die Zeit verging, sie jedoch gab kein Wort von sich.
Schließlich fragte einer: „Was habt Ihr mit der Fackel und dem Krug vor?" Rabia antwortete: „Genau auf diese Frage habe ich gewartet. Das Feuer brauche ich, um das Paradies zu verbrennen und das Wasser, um das Fegefeuer der Hölle auszulöschen, damit ihr das Gute nicht, um der Belohnung willen anstrebt und

das Schlechte nicht der Bestrafung wegen, meidet.“
Ein Geistlicher bemerkte: „Ohne Strafe und Belohnung kann man eine Gemeinde nicht lenken.“
Rabia sprach: „Strafe und Belohnung verursachen Angst und Habgier. Dies sind keineswegs die wahren Beweggründe eines Menschen, der die Vollkommenheit anstrebt!“

Zahn um Zahn

Einmal erschienen vor einem Kadi, der auch als humorvoller Sufi bekannt war, ein zorniger Mann mit seiner Tochter und einem Jüngling.
Der Mann trat vor den Meister und schrie: „Dieser Junge hat meine Tochter gewaltsam geküsst. Ich verlange von Euch die höchste Strafe für ihn.“
Der Kadi warf einen Blick auf den schüchternen Jüngling und sprach: „Hier muss das Gesetz der Blutrache angewendet werden - Zahn um Zahn, Aug' um Aug'. Sie soll ihm dasselbe antun, was er ihr angetan hat!“

Nichts als Lohn

Wie Schebli eines Tages von einer Reise zurückkam, fragte ihn ein Mann mit wirrem Blick in zerlumptem Gewand: „Wenn ich dir dein Gepäck trage, was gibst du mir dafür?“ Schebli sagte: „Bruder, es tut mir leid, denn ich habe nichts.“ Der Mann nahm das Gepäck und erwiderte: „Dann gib' mir eben nichts.“
Zu Hause angelangt, forderte der Mann: „Gib' mir den vereinbarten Lohn.“ Schebli antwortete: „Ich habe dir gesagt, dass ich nichts habe.“ Der Mann sagte: „Dann gib' mir das Nichts!“

Schebli erkannte, dass er es mit einem Verrückten zu tun hatte, öffnete die Tür und bat ihn, einzutreten. Im Zimmer verlangte er von ihm:
„Schau' unter den Teppich und sage mir, was du siehst." Der Verrückte tat wie ihm geheißen und antwortete: „Nichts." Schebli sprach: „Da ist dein Lohn. Nimm' ihn und geh' !"

Der schmale Grat zwischen Ignoranz und Respekt

Sultan Mahmoud besuchte eines Tages Scheich Abol Hassan, den großen Sufimeister der Stadt Kharaghan. Als er die Khaneghah betrat, beachtete der Scheich ihn weder, noch grüßte er ihn.
Der Stolz des Sultans zerbrach. Demütig kniete er vor ihm nieder und sagte: „Oh Scheich, ich habe gehört, dass du viele Sufis in der Khaneghah unter deine Obhut genommen hast. Beehre mich und nimm diesen Beutel voll Gold."
Mit diesen Worten legte er dem Scheich einen Beutel zu Füßen. Der Scheich stellte einen Korb voll Brot vor ihn und entgegnete: „Unter der Bedingung, dass du ein Stück Brot kostest."
Der Sultan nahm ein Brotstück und führte es zu seinem Mund. Das harte Brot blieb in seinem Hals stekken und er begann zu husten. Der Scheich sprach: „Oh Sultan, dieser Beutel voll Gold ist für mich wie das harte Brot für dich. Wenn du ein Derwisch, gewöhnt an trockenes Brot wärst, würde es nicht in deinem Hals stecken bleiben. Belassen wir es dabei, dem Sultan das Gold und dem Derwisch das harte Brot."
Die Augen des Sultans füllten sich mit Tränen und er sagte: „Der Scheich hat recht. Da Ihr nun das Gold

nicht wollt, teilt es unter den Bedürftigen auf." Der Scheich antwortete: „Diesen Wunsch lehne ich nicht ab." Der Sultan stand auf und verbeugte sich. Der Scheich erhob sich ebenfalls und begleitete ihn respektvoll bis zur Türschwelle.
Beim Abschied fragte der Sultan: „Als ich hereinkam, habt Ihr mich weder beachtet noch gegrüßt. Beim Gehen seid Ihr aufgestanden und habt mich mit Respekt behandelt. Was ist der Grund?" Der Scheich erwiderte: „Zunächst hast du die Khaneghah mit dem Stolz der Könige betreten, aber nun gehst du mit der Bescheidenheit der Derwische. Mein Respekt gilt deiner Bescheidenheit!"

Der lohnende Einsatz

Man erzählt, dass Scheich Abu Said eines Tages in Neishabur in Begleitung seiner Schüler zum Bazaar ritt. Von dort kamen ihnen einige Wächter entgegen und zerrten einen Mann mit sich. Der Scheich fragte: „Was hat dieser Mann verbrochen?"
Die Wächter antworteten: „Man nennt ihn den König der Spieler. Er hat wieder einmal Karten gespielt und wie Ihr wisst, ist das Spielen in unserer Religion untersagt." Abu Said fragte den Mann: „Wie hast du diesen Titel erworben?" Jener antwortete: „Es war ganz einfach. Ich habe jedes Mal mein ganzes Leben aufs Spiel gesetzt."
Der Scheich wandte sich seinen Schülern zu und sprach: „Das Himmelreich wäre unser, wenn wir es ihm gleich täten!"

Das himmlische Feuer

Ein geldgieriger Kaufmann kaufte Disteln von den Derwischen um einen Almosen und verkaufte sie teuer an die Reichen. Ein Weiser traf ihn einst und sagte: „Füge niemandem auf der Erde Leid zu, damit der Himmel keine Klagen hört."

Der Geldgierige verzog beleidigt das Gesicht und ging. Am selben Abend fing sein Lagerhaus Feuer und all sein Hab und Gut verbrannten.

Am darauffolgenden Tag, kam der Weise an dessen Residenz vorbei und hörte wie der Kaufmann zu seinen Freunden sagte: „Ich weiß nicht, woher dieses Feuer in mein Lagerhaus kam?" Der Weise sprach: „Vom brennenden Seufzen jener Derwische!"

Der Dieb und der Sufi

Ein Dieb brach eines Nachts in das Haus eines Sufi ein. Er durchsuchte alle Ecken und Enden des Hauses, wurde aber nicht fündig.

Der Sufi wachte auf und bemerkte die Verzweiflung des Einbrechers. Er warf den Kelim, auf dem er zu schlafen pflegte, vor die Tür.

Am Morgen darauf, erzählte der Sufi die Begebenheit einem Freund. Hierauf fragte jener: „Wie ist der Dieb an deinen Kelim rangekommen?" Der Sufi antwortete: „Als ich die Verzweiflung des Pechvogels erkannte, warf ich ihm selbst den Kelim hin, auf dass er nicht mit leeren Händen nach Hause zurückkehre!"

Der scheinheilige Geistliche und die Musik

Saadi erzählt:
Auf der Reise nach Mekka begleitete uns ein frommer Geistlicher. Die jüngeren Reisenden sangen von Zeit zu Zeit und rezitierten bewegende Gedichte.
Der Geistliche jedoch blieb regungslos oder er wollte der Scheinheiligkeit wegen, sein seelisches Befinden verbergen.
Als wir zu einer Oase kamen, gesellte sich ein junger Beduine zu uns und spielte auf seiner Rohrflöte. Auf einmal begann das Kamel des Geistlichen zu tanzen, warf seinen Herrn ab und lief davon.
„Oh Exzellenz," sagte ich, „die Musik hat sogar das Gemüt des Tieres bewegt. Verspürt Ihr noch immer keine Wirkung?"

Schebli

Abu Bakr Schebli Khorassani kam im 9. Jahrhundert auf die Welt. Seine Eltern stammten aus der Provinz Khorassan, waren aber nach Baghdad gezogen, wo sein Vater in den Dienst des Kalifen trat.

Schebli erbte beim Tod seines Vaters sechzig tausend Dinar, die er innerhalb weniger Wochen unter den Armen der Stadt verteilte.

Man sagt ihm nach, dass er häufig in den Zustand der Ekstase fiel und mehrmals ins Irrenhaus gebracht wurde.

Im Alter von siebenundachtzig Jahren verstarb er.

Schebli erzählt:

Halladj und ich waren Freunde und Gleichgesinnte.

Der einzige Unterschied zwischen uns bestand darin, dass Halladjs Ernsthaftigkeit ihn an den Galgen brachte und meine Verrücktheit mich vor dem Tod bewahrte!

Die Bedeutung des Dienens

Ein Derwisch fragte den Scheich: „Was ist die Bedeutung des Dienens Gott gegenüber?“
Der Scheich sagte: „Gott schuf dich frei. So sei frei.“
Jener fragte wieder: „Ich fragte nach dem Dienen.“
„Dein Wesen ist die Heimat Gottes.
Solange du dich nicht von den Fesseln deines Egos befreit hast, kannst du kein wahrer Diener Gottes sein.“

Der Diener und der unreine Hund

Mowlana Sharaf od-din kam eines Tages an einer Moschee vorbei und hörte wie der Diener der Moschee hinter der verschlossenen Türe einen Hund verprügelte. Mowlana öffnete das Tor und der Hund lief davon.
Der Diener überschüttete ihn mit Vorwürfen: „Als ich heute Morgen das Tor öffnete, lief der unreine Hund plötzlich in die Moschee. Deswegen hat er seine Prügel verdient. Warum hast du ihn entkommen lassen?“
Mowlana entschuldigte sich mit den Worten: „Verzeih' mir mein Freund, denn der Hund hat keinen Verstand und lief aus lauter Dummheit in die Moschee.
Ich bin der Gelehrte dieser Stadt und die Gelehrten besitzen bekanntlich einen scharfen Verstand. Hast du mich jemals in der Moschee gesehen?“

Die Brücke zum Bewusstsein

Einer der Schüler Hadj Bektashs (der khorrassanische Sufimeister, welcher zur Zeit des Mongolensturms im Reich der Seldschuken Zuflucht fand und dort sei-

nen Orden gründete), fragte den Meister: „Was für ein Mangel würde in der Schöpfung entstehen, wenn es den Menschen nicht gäbe?“
Der Meister antwortete: „Es würde bedeuten, dass Gott seine Vollkommenheit verfehlt hätte.“ Der Schüler erwiderte: „Würde ich dies behaupten, würde man mich als Ketzer bezeichnen.“
Der Meister sprach: „Der Mensch ist die Reinkarnation Gottes. Durch den Menschen ist Gottes Bewusstsein erwacht und wir teilen dieses Bewusstsein mit Gott. Dies ist die einzige Botschaft des Sufismus und wenn du sie nicht ertragen kannst, dann solltest du dieses Sufigewand auch nicht tragen!“

Die passende Beschreibung

Ein Derwisch und sein Sohn sahen wie eine Trauergesellschaft einen Sarg zum Friedhof trug.
Der Sohn fragte seinen Vater: „Wohin bringen sie den Toten?“ Der Derwisch antwortete: „Dorthin, wo es nichts zu essen, kein weiches Bett zum Schlafen, keine schönen Gewänder zum Tragen und keinen Teppich zum Sitzen gibt.“ Der Sohn sagte: „Dann bringen sie ihn also zu uns nach Hause?“

Wo Arm und Reich gleich sind

Ein Sultan sah einen Derwisch herablassend an. Woraufhin der Derwisch sagte: „Oh Sultan, es stimmt, dass ich weniger besitze als du, aber im Antlitz des Todes sind wir beide gleich!“

Das beste Gebet für den reichen Freund

Eines Tages kam ein Schüler Scheich Abu Saids, welcher für die Buchhaltung zuständig war, zu ihm und berichtete: „Das Jahr geht zu Ende und die Ausgaben waren höher als die Einnahmen. Wir haben fünfhundert Dinar Schulden."

Der Scheich sagte: „Sattelt die Pferde, ich kenne einen Edelmann, der unsere Sache immer unterstützt hat und uns mit Freude helfen wird." Nachdem sie die Pferde gesattelt hatten, setzte sich der Scheich auf sein Pferd und ritt in Begleitung einiger Sufis zum besagten Freund.

Bei ihrer Ankunft empfing sie der Adelige mit Ehrerbietung und verwöhnte ihn und sein Gefolge drei Tage und Nächte mit seiner Gastfreundschaft. Am vierten Tag suchte er des Scheichs Buchhalter auf und fragte ihn: „Welche Summe benötigt der Scheich?"

Jener antwortete: „Fünfhundert Dinar." Er drückte ihm seine Geldkatze in die Hand mit den Worten: „Darin befinden sich fünfhundert Dinar für die Schulden des Scheichs, Hundert für eure Heimreise und hundert Dinar sind meine persönliche Gabe an den Scheich." Der Schüler ging zum Scheich und erzählte ihm was vorgefallen war.

Der Scheich wiederum suchte seinen Freund auf und fragte: „Was soll ich dir von Gott wünschen?" Er antwortete: „Was der Scheich für richtig hält." Der Scheich sagte: „Für meine besten Freunde bitte ich Gott darum, den Glanz des Weltlichen in ihren Augen erblassen zu lassen."

„Nein, oh Scheich, wenn es mein weltliches Hab und Gut nicht gäbe, hätte der Scheich niemals den Weg zu mir gefunden," bat ihn der Freund. Der Scheich sprach: „Oh Gott, lass' ihn nicht vom Glanz der Welt erblinden, sondern gebe ihm die irdischen Güter als Proviant mit auf den Weg und nicht als Ballast!"

Die falsche Tugend

Ein Asket war am Hofe des Sultans zum Essen eingeladen.
Zu Tisch aß er weniger als gewohnt und das Gebet, verrichtete er länger und ausführlicher als üblich, um vor den Augen des Sultans tugendhafter zu erscheinen.
Sowie er nach Hause kam, verlangte er nach dem Abendmahl. Sein Sohn fragte ihn: „Hast du denn beim Sultan nichts gegessen?" Der Vater sagte: „Bei Gott, es war kein gescheites Essen."
Der Sohn fragte wieder: „Hast du dein Abendgebet dort verrichtet?" Der Vater erwiderte: „Ja und?" „Dann bereite dich noch einmal darauf vor, denn bei Gott, es war bestimmt kein gescheites Gebet!"

Die Farbe der Trauer

Rudaki, der berühmte Denker und Dichter, pflegte sein Haar schwarz zu färben. Man fragte ihn: „Ihr seid ein angesehener und respektierter Dichter, warum habt Ihr es nötig, Eure Haare zu färben?"
Rudaki antwortete: „Ich färbe sie nicht, um jünger zu wirken oder den Jugendlichen nachzueifern.
Ich färbe meine Haare schwarz, als Zeichen der Trauer, um meine verlorene Jugend!"

Lieber später, als nie

Als Nachfolger seines steinalten Vaters wurde ein Prinz erst im Alter von sechzig Jahren zum König ernannt.
Um seinem Volk seinen guten Willen zu bekunden, besuchte er am darauffolgenden Tag den berühmtesten Sufimeister der Stadt. Der Scheich fragte: „Wie fühlt es sich an, endlich König zu sein? Ist es ein gutes Gefühl?" Der König antwortete: „Es wäre schöner, wenn es auf ewig wäre!"
Der Scheich lächelte und erwiderte: „Wenn's so wäre, wäret Ihr nie an die Reihe gekommen!"

Das Ziel der Schöpfung

Zu Mittag kam Bayazid in Begleitung einiger Schüler an einer Moschee vorbei, als der Muezzin vom Minarett aus zum Gebet rief: „Allah o Akbar!" (Gott ist groß!) Bayazid sagte darauf: „Und ich bin größer als er!" Die Schüler bemerkten verängstigt: „Die Gläubigen eilen in die Moschee. Sie werden Euch hören!"
Der Meister sprach: „Hat Gott nicht gesagt, dass der Mensch das Ziel der Schöpfung sei.
Ich verkörpere die Gestalt, die er zu sein wünschte!"

Die drei Tugenden

Rabia, die große Sufimeisterin, hielt sich in einer Stadt am Persischen Golf auf.
Eines Tages besuchten ein paar fremde Geistliche den Mofti der Stadt und sagten zu ihm: „Wir haben von einer Frau gehört, welche sich als Sufimeisterin ausgibt und hier ungestört Reden hält. Wir wundern uns,

dass Ihr schweigend zuseht und nichts dagegen unternimmt."

Der Mofti sagte: „Bruder, ich weiß, wo sie sich aufhält. Ich werde euch dorthin begleiten und ihr könnt ihr ruhig die Meinung ins Gesicht sagen." Sie machten sich auf den Weg zu Rabia.

Als sie die Khaneghah betraten, sahen sie eine hochgewachsene Frau mit schwarzen Augen und einem intensiven Blick.

Den Geistlichen verschlug es die Sprache. Die Meisterin fragte: „Wie kommt es, dass Geistliche den Weg zur Khaneghah fanden?" Der Mofti erklärte: „Diese Herren haben ein anderes Anliegen."

Der Anführer der Geistlichen bemerkte stotternd: „Die Sufis stellen an und für sich schon eine Gefahr für die muslimische Gemeinschaft dar. Aber eine Frau als Sufi ist der Gipfel."

Rabia fragte: „Die Sufis suchen nach der Wahrheit. Ist die Wahrheit für die Frauen weniger erstrebenswert oder ist sie den Männern vorbehalten?" Der Geistliche erwiderte: „Na ja, die Männer besitzen drei Tugenden, die die Frauen nicht haben.

Erstens haben die Männer einen ausgeprägten Verstand und die Frauen einen Fehlerhaften. Nach islamischem Recht kommt die Aussage zweier Frauen vor dem Richter der Aussage eines Mannes gleich. Zweitens sind die Frauen bei der Ausübung ihrer Religion eingeschränkt, da es ihnen untersagt ist, während ihrer Monatsblutung zu beten und zu fasten.

Drittens hat bisher keine Frau den Rang eines Propheten erlangt." Die Sufimeisterin sprach: „Das mag sein, aber die Frauen besitzen auch drei Tugenden, die die Männer nicht haben.

Die sexuelle Vergewaltigung ist eine Spezialität der

Männer. Es gibt keine Frau, die solches zustande bringen könnte.
Dies nenne ich die erste Tugend. Zweitens sagt ihr, die Monatsblutung mache die Frau so unrein, dass ihr die Ausübung der Religion untersagt sei. Alle Propheten und Heiligen sind von Frauen geboren und erzogen worden.
Habt ihr außerdem vergessen, dass ihr euch im Bauch eurer Mütter neun Monate lang von eben diesem Blut ernährt habt? Drittens hat keine Frau sich bisher zum Gott erklärt. Diese Frechheit ist einzig und allein den Männern zuzuschreiben!"
Als die Geistlichen kleinmütig zurückkehrten, sagte der Mofti zu ihrem Anführer: „Jetzt kennt ihr den Grund meiner Schweigsamkeit!"

Leicht wie der Schlaf

Scheich Farid od-din Attar war zunächst Apotheker. Eines Mittags kam ein Derwisch vorbei und legte sich unter das Vordach der Apotheke. Attar rannte wütend aus seinem Geschäft und fragte: „Was suchst du hier?" Der Derwisch antwortete: „Ich bin erschöpft vom langen Reisen und möchte mich hier im Schatten kurz ausruhen."
Attar erklärte: „Du versperrst meiner Kundschaft den Weg!" Der Derwisch erwiderte: „Reg' dich nicht so auf, denn du wirst das Geld, welches du anhäufst nicht ins Jenseits mitnehmen können."
Attar antwortete: „Ich werde diese Welt wenigstens als reicher Mann verlassen und nicht wie ein armer Derwisch!" Der Derwisch sagte: „Sei dir deiner Sache nicht so sicher, denn man stirbt so, wie man gelebt hat. Je schwerer du das Leben nimmst, umso schwe-

rer wirst du sterben. Was glaubst du, wie du sterben wirst?“ Attar antwortete: „Sag' mir, wie wirst du selber sterben?“
Der Derwisch legte sich hin, schloss seine Augen und sprach: „Mein Tod wird so einfach sein, wie ein Nickerchen!“ In diesem Augenblick kamen einige Kunden zur Apotheke. Attar kümmerte sich nicht weiter um den Derwisch und ging seiner Arbeit nach. Bei Sonnenuntergang, wie Attar die Apotheke zusperrte, lag der Derwisch noch immer da.
Attar wollte den Mann wecken und stellte erschrocken fest, dass der Derwisch tot war. Innerlich aufgewühlt konnte er die ganze Nacht kein Auge zumachen und dachte immerfort an die Worte des Derwisches. Am darauffolgenden Morgen verschenkte er seine ganzen Waren und verließ die Stadt.

Die gerechte Verteilung

Ein König betrat die Khaneghah der Sufis, überreichte dem Meister eine Geldkatze und bat ihn das Gold unter den Armen zu verteilen. Der Sufimeister fragte: „Woher kommt dieses Geld?“
Der König antwortete: „Es wurde mir durch die göttliche Gnade zugeteilt!“
Der Sufi reichte einem Schüler die Geldkatze mit den Worten: „Geh' und verteile das Geld unter den Bedürftigen, aber nicht wie Gott, sondern gerecht!“

Auf dem See der Erkenntnis

Schams war als Kind sehr schüchtern und zurückgezogen. Er fastete und verbrachte die meiste Zeit in der Hausbibliothek, statt mit den gleichaltrigen Kin-

dern zu spielen.
Seine Eltern machten sich Sorgen, ob seines ungewöhnlichen Verhaltens. Sein Vater fragte: „Was fehlt dir? Brauchst du ein goldenes Gewand?“
Schams antwortete: „Ich wünschte, Ihr würdet sogar mein Gewand den armen Kindern schenken.“ Sein Vater fragte erneut: „Warum verhältst du dich so anders als die Gleichaltrigen? Ich weiß, dass du nicht verrückt bist. Sag' mir etwas, damit ich dich besser verstehen kann!“
Schams sprach: „Du hast mir mal die Geschichte von dem Huhn auf einem Bauernhof erzählt, was die Eier, die es gelegt hatte, ausbrütete.
Eines Tages gab der Bauer, aus Versehen das Ei einer Ente dazu. Als die Küken aus ihren Eiern schlüpften, begaben sie sich alle zum Wasser, aber nur das Entenbaby konnte schwimmen. Alle anderen blieben am Strand zurück. Nun, ich bin jenes Entenbaby. Wenn du mir gleich bist, begleite mich auf den See. Wenn nicht, bleib' am Strand und lass' mich meinen Weg gehen!“

Die Begegnung im Badehaus

Man erzählt, dass Scheich Abu Said sich eines frühen Morgens ins Badehaus begab.
Einer der reichsten Kaufleute der Stadt kam in die Khaneghah und wünschte den Scheich zu sehen. Man sagte ihm: „Der Scheich befindet sich im Badehaus.“
Er ging auch dorthin, setzte sich zu ihm und bemerkte: „Dieses Bad ist eine Wohltat. Wisst Ihr warum?“
„Nein, warum?“ fragte der Scheich. „Weil der Scheich anwesend ist,“ kam die Antwort. Der Scheich sagte lächelnd darauf:

„Es ist mir auch eine Wohltat, aber aus einem anderen Grund. Wisst Ihr warum?“ Der Reiche sagte: „Der Scheich weiß dies besser.“
Der Meister erwiderte: „Denn dein Hab und Gut besteht in diesem Moment aus einem einzigen Handtuch und einem Bottich, welche nicht einmal dir gehören!“

Der Athlet und der Sufi

Ein Sufi sah einst einen Athleten schäumend vor Wut. Er fragte: „Was hat er?“
Man antwortete ihm: „Jemand hat ihn geschimpft.“
Der Sufi sagte darauf: „Es wundert mich. Er hebt tausend Kilogramm Gewicht mit Leichtigkeit hoch, aber unter der Last eines Wortes bricht er zusammen!“

Das Wissen ums Nichtwissen

Ein Schüler stellte seinem Meister Abu Said die Frage: „Meister, wisst Ihr alles?“
Der Meister sprach:„Das Wissen brachte mir nur eine Gewissheit und dies ist, dass ich nichts weiß!“

Jedem das Seine

Abu Saids Vater erzählt:
Ich hätte mir gewünscht, dass mein Sohn Abu Said, nach mir die Geschäftsführung meiner Apotheke übernehmen würde. Aber eines Tages geschah etwas, wonach ich an dieser Entscheidung zweifelte. Zu jenem Zeitpunkt war Abu Said gerade sieben Jahre alt und ich war gerade dabei in einem der besten Stadtteile ein neues Haus zu bauen. Als das Haus fertig

gestellt war, bat ich die besten Kalligraphen der Umgebung, den Namen des Königs Sultan Mahmoud, oberhalb der Haustüre anzubringen.
Während der Arbeit stand mein Sohn neben mir und schaute zu.
Schließlich fragte er mich: „Was machen die da?“ Ich antwortete: „Ich habe sie gebeten, den Namen meines Königs auf die Wand zu schreiben.“ Wieder fragte Abu Said: „Bekomme ich in diesem Haus auch ein Zimmer für mich?“ „Geh' ruhig hinein und suche dir eins aus,“ schlug ich vor. Er nahm Pinsel und Farbe und begab sich ins Haus. Nach einer Weile, fragte ich mich, was es mit dem Pinsel und der Farbe auf sich hatte. Ich ging ihm nach und sah, wie er auf einem Hocker stand und etwas auf die Wand oberhalb einer Zimmertüre schrieb.
Wie ich näherkam, las ich den Namen Gottes und fragte ihn erstaunt: „Was um Himmels willen, machst du da?“ Abu Said antwortete: „Jedem das Seine. Du hast den Namen deines Königs schreiben lassen und ich schreibe den Meinigen!“
Ich war so erschüttert, dass ich geradewegs zu den Kalligraphen eilte und sie bat, auf der Stelle den Namen des Königs zu entfernen.

Bayazid Bastami

Bayazid Bastami wurde im 10. Jahrhundert in der Stadt Bastam geboren. Seine Vorfahren waren Anhänger des Mithra-Kultes. Er war einer der ersten großen Vertreter der Erfanlehre.

Bayazid genoss kein akademisches Studium und behauptete, dass eine alte Sufimeisterin ihn in diese Lehre eingeweiht hätte.

Einmal erzählte er seinen Schülern:

Als ich in meiner Jugend auf der Pilgerfahrt nach Mekka war, wurde ich von einem Räuber in der Wüste überfallen. Nachdem der Dieb von meinem Reiseziel erfuhr, fragte er mich:

„Gibt´s in Bastam keinen Gott, dass du ihn in Mekka suchen willst?“

Dieser Vorfall war der erste Impuls für meinen weiteren spirituellen Weg.

Bayazid war einer der größten Vorbilder der persischen Sufis und statt der Pilgerfahrt nach Mekka, besuchten viele seiner Anhänger sein Grabmal.

Er glaubte, dass Gott im Menschen seine individuelle Gestalt gefunden hat. Der Mensch aber, löst sich von seinem Ich, indem er das Göttliche in sich wiedererkennt. Dadurch geht das Individuum in die Einheit des Seins über.

Einige seiner Aussagen, die im Zustand der Ekstase fielen, zählen heute zu den bekanntesten Sufisprüchen, wie:
In einer Moschee las der Imam die Gebote vor und die Anwesenden wiederholten sie. Als er zu diesem Satz kam: „Gelobt sei Allah, der Allmächtige, dessen Rang höher ist als alles andere!", hörten die Gläubigen Bayazid sagen: „Lob sei mir, denn mein Rang ist höher als alles andere" Einige der Frommen protestierten: „Wir haben´ s gehört, dies ist Blasphemie!"
Bayazid sprach: „Ich war's nicht, der gesprochen hat. Der Allmächtige hat durch mich gesprochen!"

Wer ist noch dümmer?

Zur Morgendämmerung, als die Hadjkarawane sich auf die Pilgerfahrt machen wollte, sahen die Pilger wie die Meisterin Rabia vor ihrem Haus nach etwas suchte. Sie fragten sie: „Oh Rabia, wonach sucht Ihr?“
Die Meisterin antwortete: „Ich habe beim Nähen meine Nadel verloren.“
Die Pilger stiegen von ihren Kamelen und Pferden ab und begannen ihr bei der Suche behilflich zu sein. So sehr sie sich auch bemühten, wurden sie nicht fündig, bis einer sie fragte: „Wo genau habt Ihr die Nadel fallen gelassen?“ „Zuhause in meinem Zimmer“, lautete ihre Antwort.
Einer fragte sie erneut: „Warum sucht Ihr dann hier draußen ?“ „Weil es im Haus dunkel ist und hier draußen wenigstens hell,“ erklärte sie.
Die Pilger begannen heftig zu lachen und einer bemerkte: „Ich habe noch nie so etwas Dummes gehört. Wolltet Ihr uns an der Nase rumführen?“ Rabia sprach: „Gott ist in euch, ihr sucht ihn jedoch draußen und noch dazu tausende von Meilen entfernt. Ist euer Verhalten nicht weitaus dümmer?“

Eine Ohrfeige für's Ego

Ein Asket, der in Bastam großes Ansehen genoss, kam eines Tages zu Bayazid und klagte: „Seit dreißig Jahren faste ich Tag und Nacht, habe die Erleuchtung aber vergebens gesucht.“
Bayazid sagte: „Solange du dich nicht von deinem Ego befreist, findest du die Erleuchtung nicht.“ Der Asket bat: „Gebt mir einen Rat, wie ich mich davon lösen kann.“ Der Meister erklärte: „Es gibt einen Weg, doch

du wirst ihn nicht befolgen." Der Asket bestand darauf: „Nennt ihn mir dennoch!"
Bayazid gab die Anweisung: „Geh sofort zum Barbier und lasse deine schönen, langen Haare abrasieren, entledige dich sodann deiner Gewänder und hänge dir einen Lumpen über. Begib dich mit einem Korb voller Nüsse zum Marktplatz, wo dich alle kennen und respektieren, und versammle eine Schar von Kindern um dich und sage ihnen - Für eine Ohrfeige bekommt ihr eine Nuss von mir. Für zwei Ohrfeigen zwei Nüsse - Wiederhole dies in jedem Stadtteil, denn dies ist der Weg dein Ego zu besiegen!" Der Asket rief entsetzt: „Um Gottes Willen!"
Bayazid sagte: „Diese Worte verwandeln einen Ketzer in einen Gläubigen, aber aus dir wird durch die gleichen Worte ein Ketzer." Der Asket fragte verwundert: „Warum?" Bayazid sprach: „Mit diesen Worten hast du nur zum Schein Gott gepriesen, aber in Wahrheit hat dein Ego durch dich gesprochen!"

Der Kadi und die tanzenden Derwische

Der Kadi Ez od-din war zunächst ein Gegner Mowlanas und lehnte das Ritual des Derwischtanzes, Sama, ab.
Eines Tages im Gerichtssaal während einer Verhandlung, betrat Mowlana den Raum, packte Ez od-din am Kragen und rief: „Steh' auf und begleite mich zum Fest Gottes!" Der Kadi wehrte sich, aber Mowlana zerrte ihn zur Khaneghah. Die Musiker spielten und die Sufis tanzten in Ekstase, als die beiden hereinkamen. Mowlana erklärte: „Dies ist jenes Ritual, welches du verurteilst. Wenn du es schaffst dem Ritual bis zum Ende beizuwohnen, ohne innerlich berührt

zu werden, gebe ich dir recht." Er hatte seine Rede noch nicht beendet, als der Kadi laut zu rufen begann und sich in den Kreis hineindrehte.
Wie die Musik beim Ausklang des Festes verstummt war, lagen die Sufis verzückt auf dem Boden verteilt. Der Kadi jedoch, tanzte als Einziger weiter. Ein Sufi bemerkte: „Bis jetzt war es unmöglich, ihn von seinem Vorurteil gegenüber dem Tanz wegzubringen. Nun ist es unmöglich, ihn vom Tanz wegzubringen!"
Mowlana sprach: „Es gibt hierfür eine einfache Erklärung. Die seelischen Spannungen und unterdrückten Gefühle, die sich über die Jahre in ihm aufgestaut haben, brauchen mehr Zeit, den Weg nach Draußen zu finden!"

Noch einengender als die Stadt

Ein Räuber überfiel eines Nachts in der Wüste einen Derwisch. Als er ihn durchsuchte, stellte er mit Bedauern fest, dass jener außer seinem Gewand nichts Wertvolles bei sich trug.
Wütend fragte der Räuber den Derwisch: „Was hast du hier in der Wüste überhaupt verloren?" Der Derwisch antwortete: „In der Stadt fühlte ich mich eingeengt und habe in der Wüste Zuflucht gesucht. Aber nun sehe ich, dass es sogar beengender als in der Stadt ist." Der Räuber fragte erneut: „Wie kannst du dich in dieser unendlichen Weite eingeengt fühlen?" Der Derwisch sprach: „Wenn es hier nicht eng wäre, wäre ich nicht auf dich gestoßen!"

Die Prüfung

Der Statthalter von Kerman sagte eines Tages zu seinen Höflingen: „Die Anhänger des Schah Nematollah Wali behaupten, dass ihr Scheich eine besondere Gabe besitzt.
Wenn ihm jemand eine Summe Geld schenkt, die unrechtmäßig erworben wurde, findet er es durch seinen sechsten Sinn heraus und lehnt es ab. Noch interessanter ist die Behauptung, dass er sogar ein Mahl, was mit unrechtmäßig erworbenem Geld gekauft und dann zubereitet wurde, nicht anrührt. Meiner Meinung nach, sind diese Behauptungen übertrieben und ich würde ihn gerne auf die Probe stellen."
Daraufhin befahl er seinen Soldaten aus einem der umliegenden Dörfer ein Lamm zu stehlen und es dem Leibkoch zu bringen, um daraus eine Speise vorzubereiten. Nachdem die Soldaten diesen Befehl ausgeführt hatten und das Mahl zubereitet war, schickte er jemanden zum Scheich, um ihn zum Essen einzuladen. Mittags betrat der Scheich mit einigen Sufis den Palast. Alle Adeligen und Gelehrten der Stadt waren zugegen. Während des Essens, fragte der Amir den Scheich: „Wie schmeckt Euch das Lamm?" Der Scheich antwortete: „Es war mit Abstand das beste Essen, welches ich je gekostet habe."
Der Amir wandte sich den Gästen zu und bemerkte: „Interessant! Es ist bekannt, dass der Scheich ein unrechtmäßig erworbenes Mahl nicht anrührt. Auf meinen Befehl, wurde dieses Lamm einer alten Frau mit Gewalt entrissen. Was sagt Ihr nun dazu?" Der Scheich sagte: „Es ist besser, wir fragen die alte Frau selber."
Der Amir gab die Anweisung, die Frau zu ihm zu bringen. Als sie den Palast betrat, fragte er sie: „Ist es wahr,

dass man dir ein Lamm gestohlen hat?" Die alte Frau erwiderte: „Es stimmt. Gestern brachte mein Sohn das Lamm nach Hause. Er ist ein Anhänger des Scheich Schah Nematollah Wali und bat mich, das Lamm heute zur Khaneghah des Scheichs zu bringen, um den Sufis ein gescheites Essen zukommen zu lassen. Wie ich mich am frühen Morgen auf den Weg zur Khaneghah machte, kamen deine Soldaten und entrissen mir das Lamm.

Sosehr ich auch klagte und weinte, es war vergebens. Ich weiß nicht, was ich meinem Sohn sagen soll?" Der Scheich erhob sich und sprach: „Mutter, gräme dich nicht. Euer Wunsch ist in Erfüllung gegangen.

Nicht nur, dass das Lamm gut angekommen ist, es wurde noch dazu vom Leibkoch des Emirs persönlich auf die vorzüglichste Weise zubereitet!"

Das Augenlicht und die Scheidung

Ein Mullah hatte eine unbeschreiblich hässliche Tochter im heiratsfähigen Alter, um deren Hand niemals jemand angehalten hatte. Man fand einen heiratswilligen Blinden und vermählte die beiden.

Es traf sich, dass ein Sufi in die Stadt kam, dem man Wunderheilungen nachsagte. Der Schwiegersohn zählte die Stunden, um den Meister aufzusuchen, aber der Mullah zögerte es hinaus.

Man fragte ihn: „Warum lässt du es nicht zu, dass der Sufi ihn heilt?" „Ich glaube grundsätzlich nicht an solche Wundertaten," antwortete er und fügte hinzu. „Aber, wenn es stimmt, was die Leute sagen, dann verliert meine Tochter auf der Stelle ihren Mann!"

Die verborgenen Welten unseres Meisters

Eines Nachts waren wir mit unserem Meister Scheich Abu Said Abol-Kheir unterwegs. Plötzlich gerieten wir in einen Sturm.
Einer der Schüler sagte: „In der Nähe befindet sich eine Khaneghah. Wenn der Scheich es erlaubt, bleiben wir über Nacht dort." Der Meister stimmte zu und wir gingen hin. Diese Khaneghah gehörte zu einem asketischen Sufiorden, dessen Meister, eine hagere Gestalt, den Islam sehr streng praktizierte. Beim Abendessen, was nur aus trockenem Brot und Wasser bestand, fragte er Scheich Abu Said: „Alle Sufimeister sind auf Grund ihrer Selbstgeißelung mager und zerbrechlich. Aber wie kommt es, dass ihr Hals kaum in ihren Kragen passt? Die Meister haben zudem alle die Hadjreise nach Mekka angetreten, außer Ihnen. Was ist der Grund?"
Der Scheich lächelte und sprach: „Du wunderst dich über meinen Kragen, während es mich bedrückt, dass mein Hals nicht einmal im ganzen Universum genug Platz findet. Außerdem behauptest du, alle Meister haben ihre Pflicht erfüllt und sind nach Mekka gereist und ich nicht.
Das stimmt, aber das ist keine Kunst, die Wüste gemütlich auf einem Kamel zu durchqueren, um einen steinernen Tempel zu umkreisen. Beglückender ist es, hier zu sitzen und von Gott selbst umkreist zu sein!"

Inschallah

Eines Tages rief Bayazid einen seiner Schüler zu sich, gab ihm einen Brief und sagte: „Bringe diesen Brief zum Emir und richte ihm von mir aus - Die Anzahl

der Armen und Obdachlosen steigt in der Umgebung der Stadttore von Tag zu Tag.
Es ist an der Zeit, die von den Reichen abverlangten Steuern, an die wahren Eigentümer zurückzuzahlen.“
Der Schüler nahm den Brief und sagte: „Inschallah (So Gott will)!“ Bayazid antwortete: „Er hat es gerade gewollt!“

Das feierliche Gebet

Scheich Abu Said reiste einst zur Stadt Ghaen. Der große Gelehrte der Stadt, Imam Mohammad Ghaeni, suchte ihn auf und sah, dass die Musiker spielten, während der Scheich und seine Schüler inmitten der Khaneghah tanzten. Vor lauter Scham wollte der Imam den Raum sofort verlassen, weil ihm Tanz und Musik zuwider waren. Aber aus Respekt vor dem Scheich, setzte er sich ruhig in eine Ecke und wartete das Ende der Zeremonie ab. Stattdessen steigerten sich die Tanzenden von Mal zu Mal mehr in Ekstase.
Inzwischen rief der Muezzin zum Abendgebet. Der Imam sprang auf und sagte laut: „Zum Abendgebet, zum Abendgebet!“ Ohne seinen Tanz zu unterbrechen, antwortete unser Scheich: „Wir sind bereits beim Gebet.“ Imam Mohammad verließ den Raum und verrichtete im Nebengemach sein Abendgebet.
Wie er zurückkehrte, war der Derwischtanz zu Ende und der Scheich sprach: „Oh großer Gelehrter, verzeih' mir. Bei uns ist der Tanz nicht weniger wert, als das Gebet. Sogar im Gegenteil, du lobst deinen Herrn durch deine Zunge und wir preisen ihn mit jedem Teil unseres Körpers!“

Der wahre Herr des Hauses

Ein Derwisch, der gerade von einer Pilgerfahrt zurückkam, besuchte Bayazid Bastami.
Der Meister bat ihn: „Erzähl mir von deinen geistigen Erfahrungen auf der Pilgerfahrt." Der Derwisch sagte: „Einmal im Jahr begibt sich der Kalif in das Haus Gottes, die Kaaba, und kehrt den Boden mit einem Besen. Zum Glück war ich zu diesem Zeitpunkt in Mekka und konnte einen Blick hineinwerfen."
Bayazid fragte ihn:„Und hast du Gott darin gesehen?"
Der Derwisch staunte: „Leider nicht."
Bayazid sprach: „Wisse, die wahre Heimat Gottes sind dein Herz und dein Leib. Seitdem man dieses Haus gebaut hat, wurde es noch nie von Gott betreten. Seitdem er hingegen dieses Haus - und legte die Hand auf die Schulter des Derwisch - erschaffen hat, verließ er es noch nie. Auf der Suche nach deinem Gott hast du die weite Reise auf dich genommen, obwohl er die ganze Zeit bei dir war und dich begleitete!"

Der ständige Begleiter

Ein alter Materialist wurde zum Sufi und diente in Bayazids Khaneghah.
Eines Tages suchte er den Meister auf und verkündete: „Ich habe nicht mehr viel Zeit, da mein Leben sich dem Ende nähert. Ich möchte mich auf die Suche nach Gott machen, um die verlorenen Jahre wiedergutzumachen."
Bayazid sprach: „Wenn du ein Phantom jagen willst, dann geh' ruhig. Die Stadt ist umgeben von der großen Wüste. Aber ich versichere dir, du wirst dort nichts als Eidechsen und Skorpione finden. Wenn du

jedoch Gott finden willst, dann kehre nach Hause zurück und suche ihn in dir selbst. Denn er war die ganze Zeit bei dir!"

Das beste Mittel gegen Schlaflosigkeit

Zwei Sufis begaben sich auf Wanderschaft. Der eine besaß nichts außer seinem Gewand und der andere trug fünf Golddinar bei sich. Der erste Sufi war vertrauensvoll, wohin er auch ging und schlief ein, wo auch immer er sich niederlegte.
Während der Zweite vor lauter Sorge kaum etwas zu sich nahm und sich jede Nacht unruhig auf seinem Lager wälzte. Eines Abends gelangten sie zu einer Ruine und beschlossen dort zu übernachten. Der mittellose Sufi nahm sein Abendmahl zu sich und legte sich hin. Der Besitzer der fünf Golddinar jedoch, konnte kein Auge zumachen und weckte schließlich seinen Gefährten: „Dieser Ort ist unsicher und ich besitze fünf Golddinar. Ich kann weder schlafen, noch weiterreisen. Sag' mir, was ich tun soll?"
Der andere bat ihn: „Gebe mir dein Geld!" Er nahm das Geld und blickte sich um. Wie er einen Brunnen entdeckte, ging er hin, warf das Geld hinein und sagte: „Nun bist du befreit. Leg' dich hin und schlaf' ruhig!"

Wer weiß, dass er weiß?

Ein Schüler fragte seinen Meister: „Welche Sorte Mensch bevorzugt Ihr als Freund?"
Der Meister sprach: „Es gibt drei Sorten, mit denen sich der Umgang lohnt. Der Erste ist jemand, der weiß und weiß, dass er weiß. Der Zweite, der weiß und

nicht weiß, dass er weiß. Der Dritte, der nicht weiß, aber weiß, dass er nicht weiß."
Der Schüler bedankte sich und fragte erneut: „Gibt es auch Menschen, die man unbedingt meiden sollte?"
Der Meister antwortete: „Ja, denjenigen, der nicht weiß und nicht weiß, dass er nicht weiß!"

Von Gott zu Gott

Eines Tages ging Djoneyd über den Bazaar und sah Schebli, umgeben von einer Menschenmenge, eine Rede halten.
Er schloss sich der Menge an und hörte zu. Plötzlich dämmerte es ihm, dass Schebli alles, was am Vorabend im Kreise der Sufis gesprochen worden war, öffentlich preisgab. Djoneyd nahm Schebli beiseite und sagte: „Du bringst uns in Gefahr. Warum posaunst du alles, was wir gestern im Keller geflüstert haben, auf dem Bazaar hinaus?"
Schebli antwortete: „Ich habe unsere Geheimnisse keinem Fremden anvertraut. Es gibt nichts außer dem Einen auf der Welt. Ich bin es, der spricht und ich bin es, der zuhört. Dies ist ein Gespräch von Gott zu Gott!"

Der uneingeweihte Fremde

Eines Abends wurde in der Khaneghah ein Tanzritual (Sama) abgehalten. So sehr sich die Sufis und Musiker auch bemühten, gelang es ihnen nicht den Zustand der Ekstase zu erreichen.
Der Scheich bemerkte: „Schaut, ob sich unter den Anwesenden ein Fremder befindet, dessen Herz nicht bei uns ist." Man antwortete ihm: „Es gibt keinen."
Der Scheich forderte: „Untersucht die Schuhe."

Man fand schließlich ein Paar fremde Schuhe und der Scheich sagte: „Stellt die Schuhe draußen vor die Türe." Sie taten dies und unmittelbar danach, verfielen sie in Ekstase.

Die vergebliche Suche

Eines Nachts bemerkte ein Sufi im Schlaf plötzlich, wie ein Dieb durchs Haus schlich. Er stellte sich schlafend und wartete, dass der Dieb wieder von dannen ging.
Nachdem sich der Aufenthalt des Diebes endlos in die Länge zog, stand er auf und sagte zu ihm: „Mein Freund, das was du in der Dunkelheit der Nacht suchst, finde ich am helllichten Tage nicht!"

Der ungeduldige Jüngling und die absolute Wahrheit

Eines Tages betrat ein Jüngling die Khaneghah und sagte: „Ich möchte den Scheich sprechen." Man brachte ihn zum Sufimeister.
Der Jüngling sagte: „Ich bin der Oberflächlichkeit des Weltlichen überdrüssig und möchte die tiefere Wahrheit des Seins erfahren. Sag' mir, was ist die absolute Wahrheit?"
Der Scheich bemerkte: „Glaub' mir mein Sohn, es ist eine noch schwerere Last als das Leiden an der Oberflächlichkeit. Trete meinem Orden bei. Sobald dein Geist bereit für die Wahrheit ist, wirst du sie begreifen." Der Jüngling schloss sich dem Kreise der Sufis an und nahm an den Disputen teil.
Als es Nacht wurde, suchte er erneut den Scheich auf und fragte: „Bin ich nun bereit, die absolute Wahrheit

zu empfangen?"
Der Scheich lachte und antwortete: „Um die Wahrheit zu begreifen, braucht es ein großes Maß an Geduld. Zunächst musst du dich in Geduld üben. Du bist noch nicht soweit, die absolute Wahrheit zu ertragen." Der Jüngling erwiderte ungeduldig: „Ich bin einen weiten Weg gekommen, um die Wahrheit zu erfahren. Ich schwöre bei Gott, solange der Scheich mir die absolute Wahrheit nicht preisgegeben hat, werde ich mich nicht von dieser Stelle rühren!"
Der Scheich seufzte und sagte: „Geh und komme in einer Stunde wieder, dann werde ich dir die absolute Wahrheit mitteilen."
Der Jüngling erhob sich und kehrte zu gegebener Stunde wieder.
Der Scheich gab ihm eine kleine Schatulle und sagte: „Die absolute Wahrheit befindet sich hier drin. Aber wie ich dir bereits erklärt habe, übe solange Geduld und öffne es dann, wenn du reif dafür bist." Der Jüngling küsste dem Scheich die Hand, stand auf und verließ den Raum.
Er war noch nicht weit gekommen, als sich das Feuer der Neugierde in ihm entfachte. Mit großer Ungeduld öffnete er die Schatulle. Zu seiner Verwunderung sprang eine kleine Maus heraus und verschwand in der Dunkelheit.
Der Jüngling kehrte zornig und enttäuscht zum Scheich zurück und schrie ihn an: „In der Schatulle war nichts weiter als eine kleine Maus!"
Der Scheich lächelte und sprach: „Du konntest nicht einmal eine kleine Maus behalten. Wie in aller Welt, willst du dann die absolute Wahrheit ertragen?"

Der Anekdotenschreiber

Khadje Abd ol-Karim, der Vertraute des Scheich Abu Said, erzählte einmal: Eines Tages bat mich ein Derwisch, ihm einige Anekdoten über den Scheich niederzuschreiben. Währenddessen kam ein Schüler herein und sagte: „Der Scheich verlangt nach dir!"
Als ich bei ihm war, fragte mich Scheich Abu Said: „Warst du gerade beschäftigt?" „Ja, Herr. Um dem Wunsch eines Derwisches Folge zu leisten, brachte ich ein paar Anekdoten über dich aufs Papier."
Der Scheich sprach: "Oh, Abd ol-Karim, sei kein Geschichtenschreiber. Sei so, dass andere über euch schreiben."

Das Verhältnis zwischen Essen und Beten

Man erzählt von einem frommen Mann, der jede Nacht eine zehngängige Mahlzeit zu sich nahm und bis zum Morgengrauen betete.
Einem humorvollen Sufi kam die Geschichte zu Ohren und er sagte darauf: „Wenn er nur einen Gang zu sich genommen und sich niedergelegt hätte, wäre es weit klüger gewesen!"

Ein guter Rat für den grausamen Sultan

Eines Tages stellte ein grausamer Sultan einem Derwisch die Frage: „Unter den vielen Gebetsritualen, die es gibt, würdest du mir welches empfehlen?"
Der Derwisch antwortete: „Dir, das Mittagsschläfchen." Der Sultan fragte: „Warum?" „Damit das Volk wenigstens eine Zeit lang, Ruhe vor Dir hat," sprach der Derwisch.

Die bessere Tugend

Man fragte einen Sufi: „Welche Tugend ist besser, Großzügigkeit oder Tapferkeit?"
Er sagte: „Der Großzügige benötigt keine Tapferkeit!"

Der wundersame Eintopf

Khadje Hassan, einer der reichsten Adeligen der Stadt Neishabur, wurde zum Sufi und trat dem Orden Scheich Abu Saids bei.
Der Scheich warf einen Blick auf dessen goldbesticktes Gewand und sagte: „Heute feiern die Sufis in der Khaneghah und es wird ein Eintopf zubereitet. Deine Aufgabe ist es, das Fleisch zu besorgen. Nimm diesen Beutel, gehe zum Bazaar und kaufe Fleisch für an die dreißig Gäste."
Khadje Hassan nahm den Beutel und machte sich auf den Weg. Als er das Fleisch gekauft und es in den Beutel gegeben hatte, sah er, dass der Beutel einige Löcher besaß. Der Bazaar lag im Norden der Stadt und Khadje Hassan blieb nichts anderes übrig, als den schweren Beutel zu schultern und den langen Weg zur Khaneghah zurückzulegen. Aus diesen Löchern tropfte ein Gemisch aus Blut und Fleischsaft auf sein kostbares Gewand.
Der Khadje schämte sich ob der Blicke und mit jedem neuen Atemzug, starb ein Teil seiner Würde. Er dachte bei sich, was denken die Leute von mir, die mich sonst immer von Dienern umgeben sahen? Ob sie mich wohl auslachen? Schließlich betrat er die Khaneghah und legte den Beutel auf den Boden vor den Scheich. Der Scheich sagte: „Du hättest das Fleisch waschen müssen. Nimm den Beutel und gehe zum

östlichen Stadttor, wo sich ein Brunnen mit sauberem Wasser befindet." Khadje Hassan tat wie ihm geheißen. Wie er zurückkam, war von seiner Herrlichkeit nichts mehr übriggeblieben. Der Scheich fragte: „Du wirkst so traurig, war der Beutel zu schwer für dich?"
„Der Beutel war nicht so schwer, wie die Blicke der Menschen," erwiderte er. Der Scheich rief: „Bringt ihm ein sauberes Sufigewand."
Nachdem er in das Gewand geschlüpft war, nahm er ihn mit zum Bazaar. Wie sie zum Bazaar kamen, fragte der Scheich den ersten Ladenbesitzer: „Hast du jemand vornehm gekleidet, mit einem Beutel auf dem Rücken, vorbeigehen sehen?" Der Ladenbesitzer antwortete: „Nein, ich war so beschäftigt, dass mir niemand aufgefallen ist." Sie gingen von einem Laden zum anderen und jeder gab dieselbe Antwort auf ihre Frage.
Schließlich kamen sie zur Metzgerei und Abu Said fragte den Metzger: „Hat ein vornehmer Herr in goldbesticktem Gewand heute bei dir eingekauft?"
Der Metzger antwortete: „Es mag sein, aber ich habe so viele Kunden, dass es mir schwer fällt mir jeden zu merken."
Der Scheich wandte sich Khadje Hassan zu und sprach: „Oh Hassan, du selbst bist es, der dich im Spiegel deines Selbst schmückt und zurechtmacht. Vertreiben musst du dieses selbstgefällige Ich aus deiner Seele." In diesem Moment verflüchtigte sich Hassans Niedergeschlagenheit und er wurde von seiner Last befreit.
Beim Abendmahl erhob sich Scheich Abu Said und sagte: „Oh Freunde, esst genüsslich von diesem Eintopf, denn wir feiern heute die Scheidung Hassans von seinem eigenen Herrn und Gebieter."

Der fastende Scheich und der Wasserschenker

Es war Ramadan und Meister Bayazid fastete. Wie er eines Tages mit einigen Sufis durch den jüdischen Stadtteil ging, rief ein Wasserschenker, eine Wasserschale in der Hand haltend, aus: „Um Gottes Willen, trinkt aus dieser Wasserschale und gebt mir dafür einen Dirham."
Der Meister blieb stehen, nahm ohne zu zögern die Schale und trank das Wasser auf der Stelle aus. Die Sufis fragten voll Verwunderung: „Brichst du dein Fasten wegen dieses Juden?" Bayazid sprach: „Er sagte - ... um Gottes Willen - mir blieb also nichts anderes übrig!"

Das Streitgespräch

Scheich Abol Hassan Kharaghani hörte des Nachts im Traum eine Stimme, die sagte: „Ich bin die Stimme Gottes, die in dir verborgen ist. Oh Abol Hassan, obwohl du dich schon sehr angestrengt hast, hast du den Rang eines Halladj in meinem Herzen noch nicht erlangt."
Abol Hassan fragte: „Warum?" Die Stimme antwortete: „Halladj hat die existentielle Wahrheit seines Selbst erkannt und verkündet - *An al hagh (Ich bin Gott)*, woraufhin sein Kopf am Galgen hing. Du verbirgst die Wahrheit, um den Respekt des Volkes zu genießen.
Sei wachsam! Sollte dein Geheimnis gelüftet werden, werden genau jene, die dir am meisten Respekt entgegenbringen, den ersten Stein nach dir werfen."
Abol Hassan antwortete: „Sollten die Menschen dein Geheimnis erkennen und herausfinden, dass deine

Gnade und Liebe in Wahrheit so grenzenlos sind, dass niemand sich vor der Hölle zu fürchten braucht, würde der Glaube an die Religion erschüttert werden!"
Die Stimme erwiderte: „Schweig', ich nehme alles zurück. Dieses Gespräch hat nie stattgefunden!"

Eine kulinarische Weisheit

Ein Jünger fragte seinen Meister: „Wann ist die beste Zeit zum Essen?"
Der Meister sprach: „Für die Reichen, wenn sie Hunger bekommen und für die Armen, wenn sie etwas Essbares finden!"

Die unausgewogene Strafe

Der abbassidische Kalif Harun ar-Rashid hatte einen Wezir, in dessen Nachbarschaft ein berühmter Sufi lebte.
Eines Tages sagte Harun zu ihm: „Ich bin deprimiert und fühle mich niedergeschlagen. Führe mich heute zum Sufimeister in deiner Nähe, vielleicht kann er mein Gemüt beschwichtigen." Nach dem Sonnenuntergang verkleideten sie sich beide als Kaufleute und verließen den Palast. Harun ar-Rashid hatte die Gewohnheit sich nächtens in einfachem Gewande unauffällig unters Volk zu mischen, um sich über die soziale Lage in seiner Hauptstadt eine umfassende Kenntnis zu verschaffen.
Sie durchquerten die entlegenen Gassen Bagdads und erreichten schließlich das Haus des Sufimeisters Fayyaz. Jener öffnete die Tür persönlich und erkannte den Kalifen und seinen Wezir auf den ersten Blick. Der Wezir begrüßte den Meister und sprach: „Der

Kalif hat ein Anliegen, über das er mit dir sprechen möchte."
Der Sufi bat sie hinein. Nachdem sie in seinem Gemach Platz genommen hatten, fragte er: „Was bekümmert dich?" Harun antwortete: „Die grausamen Entscheidungen, die ich tagtäglich treffen muss, stören meinen Schlaf." Fayyaz fragte: „Sind die Entscheidungen unausweichlich?" Die Antwort lautete: „Leider ja. Das Volk respektiert einen Herrscher, den es fürchtet." Der Sufi fragte wieder: „Respektierst du nicht deine Mutter?" Harun erwiderte: „Natürlich respektiere ich sie." Fayyaz fragte erneut: „Weil du sie fürchtest?" Harun erwiderte darauf: „Ich liebe sie über alles."
Der Meister sprach: „Gut, dann kann Liebe auch zu Respekt führen. Versuche deine Untergebenen eine Zeit lang mit Liebe zu behandeln. Wenn der erforderliche Respekt nicht eintritt, versäumst du nichts, weil man die Liebe sehr schnell in Furcht verwandeln kann. Umgekehrt dauert es länger."
Der Kalif atmete erleichtert auf, nickte mit dem Kopf und zückte seine Geldkatze mit den Worten: „Darin befinden sich tausend Golddinar. Bitte nimm es als Zeichen meiner Dankbarkeit." Der Meister sagte: „Ich zeigte dir den Weg der Erleuchtung und du revanchierst dich auf diese Weise?" Der Kalif schämte sich und stand auf. Der Sufimeister begleitete die beiden hinaus.
Am Morgen danach berichtete der Wezir dem Kalifen: „Als meine Frau heute morgen des Sufis Gemahlin auf der Straße traf, sagte diese, ihr Mann hätte das Geld des Kalifen, was sie dringend benötigt hätten, abgelehnt, woraufhin sie ihn die ganze Nacht getadelt hätte, sodass er heute vor lauter Kopfschmerzen

seinen Unterricht unterbrach und seine Schüler nach Hause schickte." Harun war so aufgebracht, dass er den Wezir bat, das Geld auf der Stelle dem Meister zu überbringen. Der Wezir erwiderte: „Der Kalif sollte den Meister persönlich aufsuchen, denn aus meiner Hand wird er das Geld nicht annehmen."
Sie machten sich unmittelbar auf den Weg. Als sie dort ankamen, klopfte der Wezir an die Tür und der Meister öffnete sie. Überrascht grüßte er den Kalifen und dessen Wezir und bat sie hinein. Inmitten des Haushofes hielt der Kalif inne, nahm das Geld zur Hand und sagte: „Ich bin nur aus einem Grund zu Euch gekommen, um mich zu überzeugen, dass Ihr das Geld annimmt. Wenn Ihr das Geld von mir nicht als Anhänger entgegennimmt, dann befehle ich es Euch als Kalif."
In diesem Moment kam die Frau des Meisters aus der Küche und rief laut: „Ich bitte Sie sofort mein Haus zu verlassen.„ Der Kalif war so betroffen, dass er kein Wort hervorbrachte. Der Wezir meldete sich stotternd zu Wort: „Aber meine Frau hat mir erzählt, wie sehr das Geld in diesem Hause gebraucht wird. Euretwegen hat sich der Emir der Muslime und Herrscher der Welt hierher bemüht."
Die Frau senkte ihre Stimme und sagte: „Ich weiß es zu schätzen, aber ich kenne meinen Mann sehr gut. Wegen seiner Verweigerung, das Geld anzunehmen, habe ich ihn die ganze Nacht getadelt. Womit er leben kann. Wenn er aber meinetwegen das Geld angenommen hätte, hätte er mich für den Rest meines Lebens getadelt und zum Wahnsinn getrieben. Darum bitte ich Sie nochmals höflichst, das Haus unweigerlich zu verlassen!"

Der arme Derwisch und der reiche Geizhals

Ein Derwisch bat einen reichen, aber geizigen Mann: „Es ist kalt geworden. Schenke mir etwas zum Anziehen."
Der Geizhals sagte: „Es ist nicht unbedingt notwendig. Die Asketen in Indien gehen zu jeder Jahreszeit barfuss und halbnackt herum." Der Derwisch erwiderte: „Dementsprechend kurz ist ihre Lebensdauer. Wenn ich nun tot umfalle und sterbe, was machst du dann?"
Der Geizhals antwortete: „Ich lasse dich mit einem weißen Tuch umwickeln, wie es bei den Muslimen Brauch ist. Danach lasse ich dich begraben."
Der Derwisch sprach: „Schenke mir das Tuch jetzt. Und wenn ich gestorben bin, lass' mich ruhig nackt begraben!"

Das Geheimrezept zur Glückseligkeit

Ein alter Kaufmann wurde vor lauter Stress und Depression krank. So sehr die Ärzte sich auch bemühten, konnten sie keinen Weg der Heilung finden.
Zur selben Zeit kam ein berühmter Sufimeister, dem man Heilkräfte nachsagte, in die Stadt. Der Kaufmann ließ ihn holen und besprach sein Anliegen mit ihm. Der Sufi stellte einige Fragen über die Geschäfte des Kaufmanns und sagte: „In der Steppe nahe der Stadt, lebt ein Derwisch, der immer glücklich ist und niemals Trauer empfindet, sodass er „Der glückselige Derwisch" genannt wird.
Wenn Ihr mit einem Gegenstand aus seinem Besitz in Berührung kommt, werdet Ihr auf der Stelle geheilt sein." Der Kaufmann schickte nach dem Derwisch.

Als seine Dienstboten die Hütte des Derwisches betraten, sahen sie, dass sie vollkommen leer war. Der Derwisch tanzte indessen und befand sich in völliger Ekstase. Er trug weder einen Ring, noch lag ein Teppich unter seinen Füßen.
Sie kehrten mit der Botschaft zum Kaufmann zurück: „Kann es sein, dass der Sufimeister geschwindelt hat, da der Derwisch kein Hab und Gut sein eigen nennen kann?“ Der Kaufmann dachte nach und sagte: „Storniert alle bestellten Waren, ich werde mich zur Ruhe setzen. Es war kein Schwindel. Ich habe die Botschaft des Sufi verstanden. Mein Besitz ist es, der die Freude am Leben zerstört.
Es ist kein Wunder, dass jener Derwisch - der Glückselige - genannt wird!“

Der größte Fehler der Menschen

Man fragte Scheich Abu Said: „Was ist der Menschen größter Fehler?“
Er antwortete: „Dass sie sich immer für fehlerfrei halten und die anderen immer für fehlerhaft!“

Die Wundertat des Scheichs

Eine Gruppe von Anhängern fragte einen Sufimeister: „Ist es wahr, dass Du über's Wasser gehen kannst?“ Er antwortete: „Fragt den Muezzin dieser Moschee, denn er ist ein ehrlicher Mann und kennt die Geschichte meiner Wundertaten.“
Sie fragten den Muezzin und er antwortete darauf: „Davon weiß ich nichts, aber gestern in der Morgendämmerung, als der Scheich zum Beten herkam und das Waschritual vollziehen wollte, rutschte er aus und

fiel ins Wasserbecken. Und wenn ich nicht gewesen wäre, wäre er ertrunken."

Scheich Abu Said und der neidische Imam

An jenem Tage, da Scheich Abu Said nach Neishabur kam, versammelte sich eine große Menschenmenge um ihn. Als dies Imam Ghosheiri, dem bekannten Gelehrten von Neishabur, zu Ohren kam, hinterließ es in ihm eine Spur des Neides. Seine Schüler fragten ihn: „Was haltet Ihr von Scheich Abu Said?"
Der Imam antwortete: „Er verfolgt auch den Weg des Sufismus, doch auf diesem Pfad bin ich der Elefant und er die Mücke."
Diese Anekdote überbrachte man Scheich Abu Said Abol-Kheir. Der Meister sprach: „Geht zum Imam und sagt ihm, auch die Mücke bist du, denn seit ich von der Existenz Gottes in mir erfuhr, existiere ich nicht!"

Woran erkennt man einen Derwisch?

Ein König geriet einst in ein politisches Debakel. Er schwor, sobald diese Angelegenheit behoben sei, eine Geldkatze voll Golddukaten unter den Derwischen seiner Stadt aufzuteilen. Als sein Wunsch in Erfüllung ging, war es an der Zeit sein Versprechen einzulösen. Er rief einen Hofsklaven zu sich, vertraute ihm die Geldkatze an und gab ihm die nötigen Anweisungen. Der Hofsklave ging tagsüber seinen üblichen Beschäftigungen nach.
Am Abend kam er wieder, küsste die Geldkatze und legte sie dem König zu Füßen mit den Worten: „Oh König, ich machte mich den ganzen Tag auf die Suche und fand keinen, der geeignet wäre, dieses Ge-

schenk zu empfangen." Der König fragte verwundert: „Was für eine Geschichte erzählst du da? Soweit ich weiß, gibt es in dieser Stadt über vierhundert bedürftige Derwische." Der Sklave antwortete: „Oh Herrscher der Welt, der wahre Derwisch nimmt kein Geld und wer es nimmt, ist kein wahrer Derwisch. Schenk den Reichtum der Welt demjenigen, der an den Schätzen dieser Welt hängt!"

Scheich Abol Hassan Kharaghani

Scheich Abol Hassan Kharaghani wurde im 11. Jahrhundert im Dorf Kharaghan, in der Provinz Khorassan geboren. Als er im Alter von dreiundsiebzig Jahren verstarb, wurde er in seiner Heimatstadt beigesetzt. Sein Vorbild war Bayazid Bastami und seine Meisterschaft erlangte er bei seinem Lehrer Abol Abbas Amoli.
Auf dem Tor zu seiner Khaneghah stand geschrieben:
„Jeder, der die Khaneghah betritt, ist uns willkommen und soll unsere Gastfreundschaft genießen und keiner soll ihn nach seiner Religion und seinen Glauben fragen.“
Ein viel zitierter Satz von ihm lautete:
„Die Anzahl der Wege zu Gott ist gleich der Anzahl der Menschen, die es gibt.“
Aus diesem Grund respektierte er die Menschen, welchem Glauben sie auch angehörten, da jeder Mensch die Inkarnation Gottes sei. Ein weiteres Zitat lautet:

„Jeder, der seine eigene Wahrheit erkennt, erkennt Gott.“

Vorzüge der Arbeit

Es waren einmal zwei Brüder, einer im Dienste des Sultans und der andere, ein Derwisch, der durch die Kraft seiner Hände sein Abendbrot verdiente. Der Reichere fragte den Ärmeren: „Warum stellst du dich nicht in den Dienst des Sultans, um dir die Anstrengung der Arbeit zu ersparen?"
Er antwortete mit einer Gegenfrage: „Mein lieber Bruder, warum arbeitest du nicht, um dich von der Erniedrigung des Dienens zu befreien?"

Der höchste Grad im Dienste des Sultans

Ein Wezir wurde all seiner Ämter enthoben. Enttäuscht von der Welt, fand er Geborgenheit im Kreise der Sufis. Nach einiger Zeit bereute der Sultan seine voreilige Entscheidung und schickte nach ihm, den alten Posten wieder anzutreten.
Der Wezir ließ ihm ausrichten: „Am Hofe habe ich erfahren, es gibt keinen Diener unter der Herrschaft des Sultans, der nach so vielen Jahren des selbstlosen Dienens nicht wegen einem kleinen Fehler suspendiert wurde.
Ich habe also den höchsten Grad beim Sultan erreicht und eine weitere Karriere ist nicht zu erhoffen!"

Die Prophezeiung

In jenem Jahr, in dem Scheich Abu Said von einer langen Reise zurückgekehrt, in Neishabur weilte, prophezeiten die Astrologen apokalyptische Ereignisse. Einige sagten Erdbeben voraus und andere glaubten,

dass eine Dürreperiode bevorstehe.
Die Menschen waren verunsichert. Aus ihrer Verzweiflung heraus, wollten viele ihre Heimatstadt verlassen. Der Statthalter bat den Scheich um Hilfe: „Oh Scheich, die Menschen verlassen die Stadt und wenn es so weitergeht, brauchen wir kein Erdbeben mehr, weil ohnedies kein Stein mehr auf dem anderen bleibt."
Eine Woche darauf, hielt der Scheich eine Rede vor einer großen Menschenmenge. Alle Prominenten und Gelehrten waren zugegen. Am Ende seiner Rede, sagte Scheich Abu Said: „Heute werde ich mich dem astrologischen Gebiet zuwenden und aus den Sternen lesen." Die Menschen waren ganz Ohr, um zu erfahren, was der Scheich zu sagen hatte.
Der Meister sprach: „Oh Einwohner von Neishabur, dieses Jahr wird sich alles so ereignen, wie Gott es will, genauso wie vergangenes Jahr, sich alles so ereignete, wie Gott es wollte!"
Der Scheich verließ den Altar und es kehrte wieder Ruhe in die Stadt Neishabur ein.

Die Wurzel der sozialen Probleme

Ein König sprach in Gesellschaft der Hofadeligen: „Wir Könige und ihr, Adeligen sind zwei Flügel eines Adlers. Wenn wir zusammenarbeiten, können wir jedes soziale Problem lösen."
Ein Sufi, der am Hofe zugegen war, bemerkte: „Wenn die Könige gerecht und die Reichen genügsam wären, hätten wir keine Probleme mehr auf dieser Welt!"

Die falsche Großzügigkeit

Ein Derwisch war einst in schwerer Geldnot. Ein Freund riet ihm: „Ich kenne jemanden, der einen unvorstellbaren Reichtum besitzt. Wenn er von deiner Not erfährt, wird er dir sicher großzügig helfen."
Der Derwisch sagte: „Ich kenne ihn aber nicht." Der Freund antwortete: „Mach' dir keine Gedanken, ich werde dich zu ihm führen." Er nahm ihn bei der Hand und brachte ihn zu dem besagten Mann.
Als der Derwisch den Raum betrat, sah er einen Mann mit einem zornigen Gesicht und herabhängenden Mundwinkeln. Ohne ein Wort zu sagen, verließ er unverzüglich den Raum. Sein Freund fragte ihn erstaunt: „So schnell hast du deine Angelegenheit erledigt?" Der Derwisch sprach: „Ich schenke ihm seine Gabe für sein Gehabe!"

Ein mysteriöses Phänomen

Man fragte einen Sufimeister: „Was haltet Ihr vom Heiraten?" Die Antwort lautete: „Als ich noch ledig war, waren die Verheirateten stumm. Keiner hat mir einen nützlichen Rat erteilt.
Jetzt, da ich selber verheiratet bin, sind die Ledigen taub und lassen sich von mir keinen nützlichen Rat erteilen!"

Die Belohnung für die Selbstbeherrschung

Ein Schüler fragte seinen Meister: „Ein Sufi hält sich allein mit einer schönen willigen Frau in einem Raum auf, deren Türen verschlossen sind.

Kann er seine Unschuld allein durch seine Willenskraft bewahren?"
Der Meister antwortete: „Auch wenn er seine Unschuld bewahren könnte, seinen guten Ruf kann er jedenfalls nicht bewahren!"

Die erste Begegnung

Eines Tages nach dem Ende des Unterrichts, liefen die Schüler ihrem Meister Mowlana auf dem Nachhauseweg nach und stellten ihm Fragen. Es gesellten sich immer mehr einfache Leute dazu, um die Worte des großen Theologen zu hören. Mowlana hielt vor seinem Pferd inne, um die letzten Fragen seiner Schüler zu beantworten.
In diesem Augenblick bahnte sich ein Sufi seinen Weg durch die Menschenmenge und sagte: „Ich hätte auch eine Frage an Euch." Der Meister bat: „Sprich!" Der Sufi fragte: „War der Prophet größer oder Bayazid?" Ein Schauer lief durch die Menge, während sie verstummte und erst jetzt dem Sufi seine Aufmerksamkeit schenkte. Mowlana antwortete: „Was für eine Frage. Der Prophet natürlich!" Der Sufi sprach: „Sagte der Prophet nicht - *Oh Herr, wir haben dich nicht erkannt, wie du verdientest erkannt zu werden?* Während Bayazid sagte - *Lob sei mir, wie erhaben ist mein Rang?"*
Mowlana war so erschüttert, dass ihm zwei seiner Schüler unter die Arme greifen mussten, um ihn vor dem Sturz zu bewahren. Ein Schüler schrie: „Sieh, wie sehr du den Meister erzürnt hast." Der Sufi lächelte und erwiderte: „Ich habe ihn nicht erzürnt, sondern in ihm eine Erinnerung wachgerufen."
Mowlawi fragte ihn: „Wie lautet Euer Name?" Schams Tabrizi!" Mowlana fragte erneut: „War es nicht der

Pharao, der sagte - *Ich bin euer Gott und ihr müsst mich anbeten und preisen*?" Schams antwortete: „Durch den Pharao sprach sein Ego. Aber als Bayazid verkündete - *Lob sei mir. Wie erhaben ist mein Rang!* - war es der Schöpfer, der durch ihn sprach!"

Die Einsamkeit

Ein Sufidichter saß neben einem Fluss und war in ein Buch vertieft. Ein verrufener Zöllner kam vorbei und fragte ihn: „Herr, warum sitzt du hier so alleine abseits?"
Der Sufi antwortete: „Ich war nicht allein bevor du kamst. Nun bin ich allein!"

Scheich Abu Said und die Christen

Eines Tages kamen Scheich Abu Said und seine Jünger unterwegs an einer Kirche vorbei. Es traf sich, dass es ein Sonntag war und die Christen ihrem Gottesdienst beiwohnten.
Als sie von der Ankunft des Scheichs erfuhren, baten sie ihn, in der Kirche eine Rede zu halten. Nachdem der Scheich zu sprechen begann, waren die Anwesenden so ergriffen, dass sie in Ekstase verfielen. Ein Schüler Abu Saids bemerkte: „Hätte der Scheich den Wunsch geäußert, hätten die Christen auf der Stelle ihre Schärpen abgelegt."
(Zur damaligen Zeit trugen die Christen als Zeichen ihres Glaubens eine Schärpe.)
Der Scheich sprach: „Ich habe sie ihnen nicht umgebunden, um sie ihnen wieder abzunehmen!"

Wohin die Großzügigkeit führt

Ein Sufi, der wegen seiner hingebungsvollen Gastfreundschaft und Großzügigkeit bekannt war, bekam eines Abends Besuch.

Wie er seine Frau bat für die Gäste ein Lamm vorzubereiten, bekam er als Antwort:

„Weder Schaf- noch Lammfleisch stehen zur Verfügung." Der Sufi sagte: „Dann bereite einige Hühnchen zu." Sie erwiderte: „Wir haben weder ein Huhn noch einen Hahn." Erneut bat der Sufi: „Aber Eier werden wir doch wohl haben?" Die Frau antwortete: „Leider Gottes sind die Eier auch alle. Das Einzige, was ich anbieten kann, ist trockenes Brot." Der Sufi flehte sie an: „Dann biete du es ihnen an, da ich ihnen vor lauter Scham nicht in die Augen schauen kann." Die Frau bot den Gästen gerade die karge Mahlzeit an, als einer dem Anderen zuflüsterte: „Alles, was du über die Großzügigkeit und Gastfreundschaft dieses Sufis erzählt hast, war nichts als Lüge!" Dies kam der Frau zu Ohren und sie sagte darauf: „Wenn alles eine Lüge wäre, wären wir nicht in der misslichen Lage, dass mein Mann sich schweißgebadet in der Küche verstecken müsste!"

Abu Said

Abu Said Abol-Kheir wurde im 12. Jahrhundert in der Provinz Khorassan geboren. Sein Vater war Apotheker und sie führten ein bequemes Leben. Seine Frau hatte eine eigene Richtung des Sufismus geprägt. Sie trug das traditionelle Gewand der Sufis, Khergheh genannt, und war somit selber eine Sufimeisterin.
Von Kindheit auf erlernte Abu Said die arabische und persische Literatur bei berühmten Gelehrten. Mit zwölf Jahren konnte er dreitausend Verse aus der arabischen vorislamischen Dichtkunst, Djaheliyya, auswendig rezitieren.
Er studierte fünf Jahre lang Theologie bei den Meistern und beendete sein Studium mit siebzehn Jahren. Danach reiste er nach Sarakhs, eine Stadt im Gebiet Khorassan, wo er sein Studium fortsetzte. Dort fand er Zugang zum Sufiorden des Meisters Pir Abol Fazl. Beeinflusst durch die Reden des Meisters schlug er den Weg des Erfan ein und begrub sämtliche theologischen Lehrbücher unter der Erde. Daraufhin verbrachte er mehrere Jahre auf Wanderschaft und lebte wie ein Asket in der Wüste.
Als er jedoch seinen eigenen Sufiorden gründete, riet er seinen Schülern von der asketischen Lebensweise ab. Die größte Gabe Abu Saids war das Gedankenlesen. Viele seiner Zeitgenossen, z. B. Avecinna bezeu-

gen dies. Er ehrte im Besonderen Bayazid Bastami und Halladj als seine Vorbilder.
In seiner Jugend während der Pilgerfahrt nach Mekka, besuchte er das Grabmal Bayazids, *verzichtete auf die Weiterreise und antwortete, als seine Freunde ihn nach dem Grund fragten: „Dies war die eigentliche Pilgerfahrt."*
Er verstarb im Alter von dreiundachtzig Jahren in Khorassan.
Wie die meisten großen Sufimeister des Erfan, war er tolerant und respektierte die religiösen Minderheiten, denn seiner Auffassung nach waren sie alle auf der Suche nach derselben Wahrheit.
Von seinem Vater wurde überliefert:
*Als Abu Said noch jung war, bemerkte ich, dass er nächtens heimlich das Haus verließ und erst in der Morgendämmerung zurückkehrte. Eines Nachts beschloss ich, ihm zu folgen, um zu sehen, wohin er ging und was er tat. In der Nähe unseres Hauses, gab es einen tiefen, verlassenen Brunnen, in dem sich kein Wasser mehr befand. Ich beobachtete, wie Abu Said ein Seil um seine Füße schlang und im Brunnen verschwand. Ich hörte, wie er den Namen Gottes wiederholte (*Zikr*).*
Erschrocken näherte ich mich dem Brunnenrand und blickte hinein. Er hing kopfüber am Seil und meditierte. Ich wartete, um zu sehen, wann er den Brunnen verließ. Als die ersten Sonnenstrahlen sich zeigten, kam er aus dem Brunnen und ging wieder nach Hause. Über dieses Ereignis sprach ich kein Wort mit ihm. Jahrelang wiederholte Abu Said jede Nacht dieses Ritual, solange er bei uns wohnte.

Der kurze Weg vom Begehren zum Gären

Ein feiner Adeliger hielt sich beim Vorbeigehen an einer Latrine die Nase zu und raffte sein goldbesticktes Gewand. Ein Sufi, der dies beobachtete, sagte: „Du brauchst dir nicht die Nase zuzuhalten, denn morgen wirst du essen, was du heute nicht riechen willst!“

Die höhere Kunst

Ein mongolischer Herrscher feierte in seinem Palast ein Fest, an dem alle Prominenten der Stadt teilnehmen mussten. Wie die Musiker zu spielen begannen, schaute der Despot sich um und befahl einem anwesenden Sufidichter zu tanzen. Mit Unbehagen erhob sich jener und begann sich zu drehen.
Der Mongole bemerkte: „Deine Schrittfolgen widersprechen den ästhetischen Regeln jeglichen Tanzes.“
Der Dichter antwortete darauf: „Ich befolge die Regeln des Überlebens und nicht die des Tanzes!“

Der Lautenspieler und die göttliche Belohnung

Hassan Moaddab, ein Schüler Scheich Abu Saids erzählt: Eines Tages hielt unser Meister eine Rede in der Khaneghah und danach, saß er noch immer auf dem Altar, obwohl die Leute schon längst gegangen waren. Ich ging zu ihm und fragte: „Woran denkt der Scheich?“
Er antwortete: „Es ist jemand in der Stadt, der mit leerem Magen schläft. Ich denke darüber nach, wie ihm zu helfen ist.“
Er hatte diesen Satz kaum zu Ende gesprochen, als eine alte Frau die Khaneghah betrat.

Der Scheich bat mich: „Sieh nach, was sie wünscht!“ Ich ging hin und sie überreichte mir einen schweren Beutel mit den Worten: „Darin befinden sich hundert Golddinar. Überbringe sie dem Scheich und bitte ihn um ein Gebet für mich.“ Ich kehrte zum Scheich zurück und legte ihm den Beutel zu Füßen.
Der Scheich sagte: „Nimm den Beutel und gehe zum Friedhof. In einem Pavillon wirst du einen alten Mann sehen. Grüße ihn von mir und gebe ihm diese Geldkatze.“ Wie Scheich Abu Said mir beschrieben hatte, fand ich auf dem Friedhof im Pavillon den alten Mann schlafend, sein Kopf auf einer Laute ruhend. Ich weckte ihn, grüßte ihn vom Scheich und gab ihm die Geldkatze.
Er freute sich darüber und sagte: „Ich habe deinen Meister nie gesehen, woher wusste er von mir?“
Ich erwiderte: „Scheich Abu Said kommt ab und zu auf den Friedhof, um einige Stunden in Ruhe nachdenken zu können. Vielleicht hat er dich gestern gesehen. Verbringst du jede Nacht hier an diesem Ort?“
Er sprach: „Das ist eine lange Geschichte. Ich bin ein Lautenspieler. Als ich noch jung war, erfreute ich mich großer Beliebtheit in dieser Stadt. Wo auch immer zwei Menschen beisammen saßen, war ich der Dritte. Ich hatte viele Schüler und nur weil ich alt und meine Hände schwach und zittrig geworden sind, verlor meine Musik ihre Anziehungskraft. Es wurde immer schwieriger mein Abendbrot zu verdienen. Ich konnte keiner anderen Beschäftigung nachgehen, da die Musik das Einzige ist, was ich gelernt habe. Sogar mein Kind und meine Frau haben mich aus meinem Zuhause vertrieben. Ich kannte keine andere Zuflucht außer diesen Friedhof. Letzte Nacht kam ich her und betete zu Gott - Oh Gott, ich habe niemanden mehr

außer dir. Heute Nacht werde ich allein für dich spielen. Ich hoffe aber auf eine Belohnung von dir. Bis zum Morgengrauen musizierte und weinte ich. Wie die Sonne aufging, fiel ich vor Müdigkeit in einen tiefen Schlaf, bis du mich geweckt hast."
Ich sagte zu ihm: „Sei getrost, du musst göttlich gespielt haben, denn Gott gefiel deine Musik und er hat dir, während du schliefst, deine Belohnung überbringen lassen!"

Die Beziehung zwischen Gesundheit und Musik

Als ein König krank wurde und starb, war sein Sohn erst zwei Jahre alt. Die Wezire versammelten sich, um diesen Jungen als rechtmäßigen Nachfolger des Königs zu ernennen. Einer der Wezire äußerte sein Bedenken: „Wir müssen bei unserer Entscheidungsfindung sehr vorsichtig sein.
Was, wenn dieser Junge verrückt oder krank ist und wir dies erst merken, wenn es zu spät ist?" Ein anderer erwiderte: „Es gibt einen Sufimeister, den der verstorbene König oft zu Rate zog. Lasst uns diese Angelegenheit mit ihm besprechen."
Sie ließen den Sufi kommen und erklärten ihm die Situation. Der Sufimeister bat die Hofmusiker, sich in das Gemach des Kindes zu begeben und dort zu musizieren. Wie das Kind die ersten Klänge vernahm, begann es freudig mitzuwippen und in die Hände zu klatschen.
Der Sufimeister sagte: „Ihr könnt ihn getrost zum Nachfolger erklären!" Und verließ nach diesen Worten den Raum. Die Wezire liefen ihm nach und fragten ihn neugierig: „Worauf beruht Euer Urteil?" Der Meister sprach: „Ich wollte feststellen, ob er das freu-

dige Herz eines gesunden Kindes besitzt. Durch die Musik hat sich mir sein wahrer seelischer Zustand offenbart. Für mich ist die Sprache der Musik tiefgründiger und offensichtlicher, als die rationelle und psychologische Analyse!“

Nur der Kranke kennt den Wert der Gesundheit

Ein König unternahm einst eine Seereise. Auf seinem Schiff befand sich ein Sklave, der nie zuvor das Meer gesehen hatte. Nun begann er zu weinen und jammern. Jeder Versuch ihn zu beruhigen schlug fehl. Der König wurde verdrießlich und niemand wusste einen Rat.

Ein Sufi war auch an Bord, welcher sagte: „Wenn der König mir die Erlaubnis erteilt, werde ich ihn zur Vernunft bringen.“ Der König stimmte freudig zu und der Sufi gab die Anweisung: „Werft den Sklaven ins Meer.“ Man tat, wie ihnen geheißen und nachdem er genug Meereswasser verschluckt hatte, zog man ihn an den Haaren wieder heraus. Der Sklave verkroch sich in eine Ecke und ward die Ruhe selbst. Der König staunte und fragte: „Was für ein Trick war das?“

Der Sufi sprach: „Der Sklave hatte keine Ahnung vom Ertrinken und wusste nichts von der Sicherheit des Schiffes.

Den Wert der Gesundheit weiß man erst dann zu schätzen, wenn man von einer Krankheit heimgesucht wird.“

Die Theorie und Praxis der Liebe

Ein Sufi berichtete seinem Meister: „Man erzählt von einem Scheich Soundso, der sich im Alter von sech-

zig Jahren in ein achtzehnjähriges Mädchen verliebte. Kurz vor der Vereinigung mit der Geliebten, zog er sich zurück und kehrte der Welt den Rücken zu. Er setzte sich vieler Entbehrungen aus, fastet seitdem und lebt wie ein Asket. Wie beurteilt ihr ihn? Verdient er für seine Tat keine Vorwürfe?"
Der Meister sprach: „In der Tat verdient er sie, denn ich sehe jemanden, der sein ganzes Leben die Liebe propagierte und in der ersten Phase der Praxis jämmerlich versagte!"

Unverschleiert durch Bagdads Gassen

Als Halladj in Bagdad zum Tode verurteilt wurde, besuchte seine Schwester ihn im Gefängnis. Auf dem Weg dorthin trug sie keinen Schleier.
Unterwegs fragten sie einige Passanten vorwurfsvoll: „Warum trägt du keinen Schleier?" Sie antwortete: „Hat der Prophet nicht gesagt, dass die Frauen ihr Antlitz vor den Männern bedecken sollten?" Die Männer erwiderten: „So ist es!"
Sie sprach: „In dieser Stadt sehe ich jedoch keinen Mann, sonst würde ich einen tragen. Der einzige Mann ist mein Bruder Hossein, welcher im Kerker sitzt. Und für ihn brauche ich keinen Schleier!"

Schams und Mowlana

In Konya sprach sich herum, dass der Sufimeister Schams, der bei Mowlana Djalal od-din wohnte, gelegentlich Wein trank.
Dies bot den Geistlichen der Stadt eine gute Gelegenheit Schams in aller Öffentlichkeit zu entblößen und Mowlana sogar zu zwingen dies als islamischer

Rechtsgelehrter zu verurteilen. Sie suchten ihn auf und fragten: „Erlaubt das Gesetz des Islam den Weingenuss? Oder ist es verboten?“ Mowlana wusste sofort, dass es die Geistlichen auf Schams abgesehen hatten und sprach: „Es kommt darauf an, wer ihn trinkt. Ein Ozean ist immer rein.
Tausend Fässer Wein können ihm nichts anhaben. Man kann mit diesem Wasser sogar das religiöse Waschritual vollziehen. Ein kleines Wasserbecken kann hingegen durch einen Tropfen Wein unrein werden.
Nun, Schams ist wie der Ozean. Der Weingenuss vermindert seine Größe nicht. Ihr wiederum seid wie das kleine Wasserbecken. Ein Tropfen Wein kann euch vollkommen verderben. Wenn ihr mich fragt, verliert sogar einfaches Brot durch euch Hurensöhne seine Reinheit!“

Eine kleine Korrektur im heiligen Buch

Der berühmte Gelehrte, Scheich Hassan, verbrachte auf der Durchreise einen Abend bei der Sufimeisterin Rabia. Vor dem Sonnenaufgang bat er die Meisterin: „Darf ich Ihren Koran zum Morgengebet verwenden?“
Rabia sagte: „Er liegt in der Truhe.“ Scheich Hassan nahm den Koran aus der Truhe und wie er ihn aufschlug, erstarrte er vor Angst. Mit zittrigen Händen hielt er das heilige Buch Rabia vor die Augen und fragte: „Hattet Ihr den Koran jemandem zum Lesen gegeben?“ Sie antwortete: „Nein!“
Der Scheich fragte erneut: „Wer hat das heilige Buch entweiht?“ „Meinen Koran darf niemand anrühren“, lautete ihre Antwort. Der Scheich bemerkte: „Einer

der Verse ist durchgestrichen. Wisst Ihr was denjenigen für eine Bestrafung erwartet, der das heilige Buch besudelt?" Rabia sagte: „Dieser Vers ist falsch. Ich habe ihn selber durchgestrichen."
Der Scheich rief erschrocken: „Wie könnt Ihr es wagen, das Wort Gottes in Frage zu stellen?" Sie bat ihn: „Lese mir die Zeile vor!" Scheich Hassan las laut: „Wenn du den Teufel zu Gesicht bekommst, hasse ihn. Was ist daran falsch? Wir müssen Gott lieben und den Teufel hassen."
Die Meisterin antwortete: „Mein Freund, die göttliche Essenz ist in uns allen. Ich bin von der Liebe so erfüllt, dass ich nicht hassen kann, auch wenn Satan vor mir erscheint! Dieser Vers muss falsch sein, auch wenn er im heiligen Buch steht!"

Asche statt Feuer

Am Neujahrstag, als Bayazid mit einigen seiner Anhänger aus dem Hammam kam, reinigten die Rauchfangkehrer den Schornstein des Badehauses und ein wenig Asche fiel auf sein Haupt. Bayazid sagte lächelnd: „Gott sei Dank!"
Seine Begleiter fragten verwundert: „Meister, was gibt es zu preisen?" Bayazid sprach: „Alle Geistlichen der Stadt haben mich zum Ketzer ernannt. Der Religion zufolge bin ich für's Fegefeuer bestimmt. Im Vergleich zu jenem Feuer ist diese Asche die Gnade Gottes!"

Das Geburtstagsgeschenk

Der Statthalter Khorassans suchte eines Tages Scheich Abu Said auf und sagte: „Ich habe heute Geburtstag, gebt mir einen Rat!"

Der Scheich sprach: „Du kamst weinend zur Welt und brachtest den Menschen ein Lachen.
Regiere so, dass du lachend die Welt verlässt und die Menschen ob deines Abschieds weinen!"

Der Wert der Welt

Einer von Abu Bakr Wassetis Schülern erzählt:
Eines Abends waren wir zu Gast beim Meister. Am Morgen krähte der Hahn und die Sonnenstrahlen fielen in den Raum.
Ich öffnete das Fenster und die Staubkörner tanzten im Sonnenlicht. Der Meister sprach: „Seht ihr die Staubkörner? Die materielle Welt ist aus diesem Staub erschaffen worden. Und in unseren Augen ist sie genauso viel wert wie dieser Staub!"

Der bessere Schüler

An einem Winterabend ging ein Meister mit seinem Schüler durch die Gassen der Stadt. Unterwegs sagte der Meister: „Bitte warte hier draußen, ich habe mit dem Besitzer dieses Hauses ein Wort zu reden. Ich komme gleich wieder."
Der Meister betrat das Haus und sah, dass die großen Sufimeister dort versammelt waren. Sie diskutierten und danach begannen die Musiker zu spielen und die Sufis zu tanzen. Und in der Ekstase vergaßen sie die Zeit. In dieser Nacht schneite es heftig. Als der Meister frühmorgens das Haus verließ, sah er, dass der Schnee ihm bis zur Brust reichte.
Plötzlich bewegte sich die Schneedecke und ein Kopf kam zum Vorschein. Der Meister erkannte seinen Schüler und rief: „Du bist noch immer hier?" Der

Schüler antwortete vor Kälte zitternd: „Ihr seid mein Meister und habt mich gebeten, hier auf Euch zu warten.“
Die Tränen traten dem Meister in die Augen, er setzte dem Schüler seine eigene Haube auf und sprach: „Seit heute bist du der Meister und ich dein Schüler. Ich kann dir nichts mehr beibringen. Nun bin ich derjenige, der von dir lernen kann!“

Die Gerüchteküche kennt keinen Ruhetag

Ein Schüler stellte seinem Meister die Frage: „Wie sollen wir uns in der Gesellschaft verhalten, um jeden zufriedenzustellen?“
Der Meister antwortete: „Wie auch immer ihr euch verhaltet, dem Gerede der Menschen entkommt ihr nicht. Wenn ihr viel arbeitet, sagen sie ihr seid dumm. Wenn ihr wenig arbeitet, sagen sie ihr seid faul. Wenn ihr großzügig seid, sagen sie ihr seid Verschwender. Wenn ihr sparsam seid, sagen sie ihr seid Geizhälse. Wenn ihr wenig redet, sagen sie ihr seid stumm. Wenn ihr in der Rhetorik bewandert seid, sagen sie ihr seid eine Quasselstrippe.
Wenn ihr öffentlich euren religiösen Pflichten nachgeht, sagen sie ihr seid ein Heuchler. Tut ihr dies im Stillen, sagen sie ihr seid ein Ungläubiger.
Somit, macht was euch beliebt und kümmert euch nicht um das Urteil der Menschen!“

Als Heiliger leben, als Ketzer sterben

Die Geistlichen Bagdads hörten beim Mittagsgebet in der Moschee Schebli rufen: „Außer Gott, außer Gott!“
Sie sagten ihm: „Dieser Satz ist fehlerhaft. Es heißt

„Es gibt keinen Gott außer Allah!“ Schebli sprach: „Ich habe Angst, dass plötzlich mein Tod eintritt , während ich mitten im Satz bin und ihn nur zur Hälfte ausgesprochen habe.
Nach so vielen Jahren der Lobpreisung Gottes, werde ich somit die Welt als Ketzer verlassen, denn mein letzter Satz wird lauten: „Es gibt keinen Gott!“

Die wahre Liebe ist nicht käuflich

Ein Mullah hielt eine Rede und sagte: „Gott sagt, dass auf seine besten Diener jenes Paradies wartet, in dessen Gärten wunderschöne Frauen lustwandeln, prächtige Gemächer existieren, reizvolle Sklavinnen in prächtigen Gewändern köstliche Speisen darbieten und Flüsse aus Wein fließen.“
Schebli hörte diese Worte und wandte sich an seine Schüler: „Dies sind dieselben Versprechungen, die Alexander, der Mazedonier seinen Soldaten vor Schlachtbeginn gegeben hat.
Oh Herr, mach' die Hölle und das Paradies zunichte, damit die Menschen dich deiner Selbst willen lieben!“

Der Abschied

Als Bayazid aus seiner Heimatstadt Bastam verbannt wurde, kam er mit seinen Anhängern an einem jüdischen Friedhof vorbei und sagte: „Ihnen sei vergeben!“
Auf der anderen Seite der Straße erblickte er den muslimischen Friedhof und sprach: „Es war vergebens!“

Der Duft des Herzens

Ein Meister kam mit seinen Schülern in einer Gegend vorbei, in der Arbeiter einen verstopften Abflusskanal reinigten.
Wie die Sufis näherkamen, hielten einige ihre Nasen zu und flüchteten. Der Meister sagte: „Wisst ihr, was dieser Dreck euch sagen würde, wenn er sprechen könnte - Wir sind die Farbe und der Geruch eures Inneren, warum flüchtet ihr vor uns?" Die Sufis blieben stehen und wurden traurig.
Der Meister lächelte und sprach: „Ihr braucht nicht traurig zu sein. Der Mensch besteht nicht nur aus seinem Darm. Ein gütiges Herz ist so wohlriechend, dass es euer ganzes Wesen mit Duft erfüllt!"

Feuer der Wahrheit

Schebli wurde am helllichten Tag beobachtet wie er mit einer großen Fackel durch die Stadt ging.
Man fragte ihn: „Wie kommt es, dass Ihr am Tag mit so einer großen Fackel unterwegs seid?"
Schebli sprach: „Ich möchte dieses Feuer auf die Kaaba werfen, damit die Menschen sich nicht dem Haus Gottes sondern dem Herrn selbst widmen!"

Djalal od-din Rumi

Tagsüber verehrte ich dich und wusste es nicht
Nächtens bei dir und wusste es nicht
Bis ich zweifelte an mir, ob ich ich sei
In Wahrheit war ich ganz du und wusste es nicht

Mowlana Djalal od-din Rumi, auch Mowlawi genannt, wurde im Jahre 1207 n. Chr. in Balkh, damals in der Provinz Khorassan, in eine wohlhabende und gebildete Familie geboren.
Sein Vater Baha od-din war ein bekannter Theologe, der in der religiösen Hochschule „Madrese“ genannt, unterrichtete, innerlich jedoch zutiefst mit dem Sufismus verbunden war. Mit dem Angriff der Mongolen auf Persien und der Zerstörung, die sie mit sich brachte, beschlossen viele Denker das Land zu verlassen. Städte wie Baghdad und Damaskus waren zu jener Zeit kulturelle Magnetpunkte, aber Rumis Vater entschied sich für Konya, der Hauptstadt der Seldschuken, in der heutigen Türkei. Der Sultan der Seldschuken, Ala od-din, war ein Mann des Wissens, der selber persisch sprach und in dieser Sprache dichtete. Er lud Baha od-din persönlich ein, in Konya zu leben und zu unterrichten.
Mowlana, erst zehnjährig, hatte zu diesem Zeitpunkt schon bei seinem Vater und den berühmtesten Mei-

stern gelernt. Auf der Reise nach Konya, trafen Baha od-din und er in Neishabur den bekannten Sufimeister Attar, welcher beim Anblick Mowlanas tief ergriffen war und ihm sein neues Buch mit den Worten überreichte:

„Das Feuer, das im Herzen deines Sohnes brennt, wird sich eines Tages in eine Sonne verwandeln, die die Welt des Sufismus erstrahlen lässt."

Djalal od-din war im Alter von vierundzwanzig Jahren, als sein Vater verstarb.

Nach dessen Tod reiste er in Begleitung seines Freundes, Termezi, nach Damaskus, um dort seine Studien fortzusetzen. Bei seiner Rückkehr empfing ihn der Sultan persönlich und brachte ihn auf direkten Wege zur „Madrese".

Dort hatte er ein Haus mit allem Komfort für ihn bauen lassen, stellte es ihm zur Verfügung und ernannte ihn zum Leiter der „Madrese". Mowlana entwickelte sich zum angesehensten Theologen seiner Zeit. Obwohl er von Kind auf die Lehre des „Erfan" erlernt hatte, war sein Zugang zum Sufismus eher rationeller Art.

Im Alter von knapp vierzig Jahren ereignete sich in seinem Leben eine Begebenheit, die die Geschichte des Sufismus nachhaltig prägen sollte. Dieses Ereignis verwandelte jenen angesehenen und seriösen Theologen in einen liebestrunkenen Sufi, der seine Zeit mit Musizieren, Tanzen und Dichten verbrachte.

Diese Begebenheit war die Begegnung von Mowlana mit einem unbekannten Sufi, namens Schams Tabrizi. Schams erkannte die Bereitschaft in Rumis Seele die Sufilehre zu empfangen und öffnete dessen Herz auf eine Art und Weise, die man als Schocktherapie be-

zeichnen kann.
Mowlawi liebte und vergötterte seinen Meister. Er widmete Schams sein zweit wichtigstes Werk (Ghazaliyyat), in dem dessen Name in jedem seiner Gedichte aufscheint.
Bei ihrer ersten Begegnung war Mowlawi so berührt von Schams, dass er ihn gleich zu sich nach Hause einlud und beide ganze vierzig Tage miteinander verbrachten, ohne das Haus zu verlassen.
Der Rückzug Rumis erweckte in seinen Schülern und Anhängern ein großes Maß an Neid und Zorn gegen Schams. Sie bedrängten ihn so lange bis er Konya verließ und nach Damaskus reiste. Mowlawi bat seinen Sohn seinem Meister nachzureisen und ihn nach Konya zurückzubringen. Bei dessen Rückkehr vermählte Rumi Schams mit seiner Tochter, um ihn auf diese Weise mehr an sich und den Ort zu binden.
Der Druck von Mowlawis Anhängern verstärkte sich jedoch zunehmend, bis Schams eines Nachts heimlich die Stadt verließ und niemand je wieder etwas von ihm hörte.
Nach Mowlanas Tod nahmen, laut seinem Testament, Musiker und Sänger an seinem Begräbnis teil und verwandelten die Trauerfeier in ein ekstatisches Tanzritual. Viele seiner Anhänger, die dessen Grab besuchen, wissen nichts von der Katze, die neben seinem Leichnam ruht.
Dies war Mowlanas Lieblingskatze.
In der Zeit, als Mowlana zuhause unterrichtete, saß sie immer auf seinem Schoß und wurde von ihm gestreichelt. Sie war eine besonders schöne Katze mit glänzend schwarzem Fell.
Einen Tag vor seinem Tod, wie Mowlana nach Hause kam

und den Raum betrat, schrie sie ängstlich auf und lief hinaus.
Mowlana sagte: „Ich werde bald von euch gehen."
Seine Verwandten fragten erstaunt: „Woher wisst Ihr dies?"
Er antwortete: „Die Haustiere nehmen oft Dinge in uns wahr, die wir selber nicht spüren. Sie hat den Schatten des Todes auf mir gesehen."
Mowlanas Prophezeiung trat ein und er starb am darauffolgenden Tag. Nach dem Tode des Meisters wurde die Katze krank und starb nach sieben Tagen.
Maleke Khatun, die Tochter Mowlawis, wickelte die Katze in ein Leichentuch und begrub sie neben der heiligen Grabstätte ihres Vaters.
Im Iran bezeichnen die meisten Menschen sein Werk als den persischen Koran und sehen in ihm einen Heiligen. Aber es gibt Theologen, die sein Buch mit Handschuhen oder einer Zange angreifen, um nicht unrein zu werden.
Sein Name war „Djalal od-din", was im Arabischen „Pracht der Religion" bedeutet. Der Präfix „Mowlana" heißt „unser Herr", „Mowlawi" wiederum „mein Herr". Der Sufix „Rumi" bezeichnet in der persischen Sprache die Einwohner des römischen oder griechischen Reiches, die seit der Antike in Kleinasien angesiedelt waren.

Das Abbild der göttlichen Schrift, bist du,
Und der Spiegel der majestätischen Schönheit, bist du.
Es ist nicht außerhalb von dir, was sich im All verbirgt,
such´ es in dir selbst, denn das alles bist du.

Der Zweck heiligt die Mittel nicht

Abol Hassan Kharaghani und seine Anhänger befanden sich auf Wanderschaft, als sie einen Bettler trafen, der aus dem heiligen Buch rezitierte. Der Meister beachtete ihn nicht und ging an ihm vorbei. Wenig später trafen sie auf den nächsten Bettler, der musizierend am Straßenrand saß.

Der Meister blieb stehen und bat einen Schüler dem Bettler eine großzügige Spende zu geben. Der Schüler tat wie ihm geheißen.

Nachdem sie ihren Weg fortsetzten, fragten die Schüler verwundert: „Warum habt ihr dem ersten Bettler, der aus dem Koran rezitierte nicht geholfen und diesem musizierenden Bettler eine großzügige Spende zukommen lassen?“

Der Meister sagte: „Stellt euch vor, ihr seid in einem Raum, in dem sich auf dem obersten Regalbrett ein Honigtopf befindet. So sehr ihr euch auch streckt, den Topf könnt ihr nicht erreichen. Ihr schaut euch im Zimmer um und das einzige, was dort vorhanden ist, ist das heilige Buch. Wer von euch legt den Koran unter seine Füße, um den Honigtopf zu erreichen?“

Die Schüler antworteten: „Lieber verzichten wir auf den Honig, als das heilige Buch zu entweihen.“

Der Meister sprach: „Von diesen beiden hat einer das heilige Buch und der andere seine Musik als Mittel zum Betteln eingesetzt. Wem würdet ihr Geld geben?“

Der beste Anwalt der Welt

Abdollah ebn Taher, der berühmte Feldherr und Statthalter Khorassans, kehrte von der Jagd zurück, als hinter einer Brücke plötzlich eine alte Frau hervorsprang.

Das Pferd des Emirs scheute und warf ihm die Mütze vom Haupt. Erzürnt fragte er die alte Frau:

„Was suchst du hier?"

Die Frau antwortete: „Mein Sohn sitzt unschuldig im Kerker. Ich wollte Euch bitten, ihn freizulassen." Er fragte: „Was hat er denn getan?" Die Antwort lautete: „Er ist ein Sufi und weigerte sich dem Armeedienst beizutreten."

Ungehalten sagte er: „Ich kann dir nicht helfen. Geh' zum Kadi und bring ihm dein Anliegen vor." Die Frau erwiderte: „Ich bin eine arme, alte Frau, er wird mich nicht erhören." Der Emir rief: „Suche jemanden, der dich erhört." „Ich kenne nur einen, der mich erhören wird. Ich werde diese Klage am Tage des jüngsten Gerichts vor Gott dem Allmächtigen vortragen. Er wird mein Richter sein." Ihre Worte erschütterten den Emir so sehr, dass er seinem Pferd die Sporen gab und eilig in die Stadt ritt.

Beim Kerker angekommen, befahl er dem Kerkermeister den Gefangenen vorzuführen.

Der Sohn fragte: „Der Kadi hat mich erst Gestern verurteilt. Wie kommt es, dass Ihr mich heute entlassen habt?" Abdollah ebn Taher sprach: „Vergiss den Kadi! Deine Mutter hat den besten Anwalt der Welt engagiert. Gott persönlich!"

Der einsame Wolf

Wie Sultan Mahmoud eines Tages mit seinen Soldaten vom Krieg zurückkehrte, spielten einige Kinder vor dem Stadttor.
Dem Sultan fiel ein Junge auf, der ein wenig abseits saß und die anderen nicht beachtete. Sultan Mahmoud hielt inne und fragte ihn: „Warum spielst du nicht mit deinen Gefährten?“ Der Junge antwortete: „Im Spiel möchte ich immer der König sein und da die anderen einen niedrigeren Rang als der König besitzen, muss ich wohl alleine bleiben!“
Tränen benetzten das Antlitz des Königs, wie er den Kopf neigte und von dannen ritt. Ein Sufi beobachtete diesen Vorfall mit einigen Anhängern. Einer der Jünger fragte: „Warum hat der Sultan geweint?“
Der Scheich sprach: „Der Sultan erkannte in dem Kind seine eigene Einsamkeit, denn auch er ist trotz der vielen Menschen, die ihn umgeben, einsam. Alle behaupten seine Freunde zu sein und dennoch kann er keinen Schluck Wasser ohne seinen Vorkoster zu sich nehmen.
Hunderte von Soldaten wachen über seinen Schlaf, dennoch kann er nächtens kein Auge zumachen. Begleitet von dreihunderttausend Männern ritt er an uns vorbei und dennoch ist er der einsamste Mann der Welt!“

Die Ambivalenz

Ein Sternendeuter überraschte bei seiner Heimkehr seine eigene Frau mit einem Fremden im Ehebett.
Das Geschrei, welches aus dem Haus drang, erweckte die Aufmerksamkeit der Passanten und Nachbarn

und sie eilten zu Hilfe. Ein Sufi kam des Weges und fragte nach der Ursache des Aufruhrs.
Man erzählte ihm den Vorfall. Der Sufi sprach: „Ich verstehe nicht, wie jemand über den Lauf der Sterne und zukünftigen Weltgeschehnisse Bescheid weiß, aber über das, was in seinen eigenen vier Wänden geschieht, keinen blassen Schimmer hat!"

Die Verwechslung

Wie Bayazid um Mitternacht an einem öffentlichen Garten vorbeiging, traf er auf einen Lautenspieler.
In der Dunkelheit verwechselte der Musikant die Khergheh des Scheichs mit dem Umhang der Mullahs. Aus lauter Angst vor einer Bestrafung, schlug er sein Instrument mit aller Wucht auf dessen Haupt. Die Laute zerbrach und das Haupt des Meisters wurde verletzt.
Man brachte den schwer verwundeten Scheich nach Hause und bettete ihn auf sein Lager. Als der Meister zu sich kam, gab er einem Schüler einen Beutel voll Gold und sagte: „Bringe diese Geldkatze auf der Stelle jenem Lautenspieler und entschuldige dich in meinem Namen mit den Worten - Deine Laute wurde durch den Schlag auf mein Haupt beschädigt. Nimm' dieses Geld und suche dir eine Bessere."
Die anwesenden Schüler riefen vorwurfsvoll: „Aber Meister, soll dies die Strafe für seine böse Tat sein?"
Bayazid sprach: „Er ist weitaus härter bestraft worden, als ihr denkt. Ihr seid keine Musiker und könnt euch nicht vorstellen, was ihn für ein Gefühl überkommt, wenn er aus dem Rausch erwacht und sein beschädigtes Instrument vorfindet.

Für einen Musiker ist dies die höchste Strafe. Meine Wunde heilt wieder, sein gebrochenes Herz jedoch, wird nie wieder ganz!"

Wahrheit ist relativ

Eines Tages kam eine Gruppe Blinder an einer Kaserne vorbei. Sie hörten plötzlich ein ihnen unbekanntes Tiergebrüll. Sie rätselten, um welches Tier es sich hierbei handeln könnte.
Der Stallmeister, der aus der Kaserne herauskam, sah die Blinden und rief: „Es ist ein Elefant und ich bringe ihn nur zum Fluss. Ihr braucht euch nicht zu fürchten."
Die Blinden baten: „Wir sind noch nie einem solchen Tier begegnet. Dürfen wir es abtasten?" Der Stallmeister brachte den Elefanten zum Stehen und die Blinden begannen sich ein Bild davon zu machen. Mowlana Djalal od-din Rumi, der mit einigen seiner Schüler dort vorbeikam, sagte: „Ich möchte euch heute etwas Interessantes zeigen."
Er wartete bis der Stallmeister mit dem Elefanten weiterzog, ging zu den Blinden und fragte: „Anscheinend seid ihr zum ersten Mal einem Elefanten begegnet. Wie fühlt es sich an?" Der erste Blinde, der das Bein des Tieres berührt hatte, antwortete: „Es fühlt sich wie eine harte Säule an."
Der Zweite, der den Rüssel befühlt hatte, sagte: „Es fühlt sich eher wie ein geschmeidiges Wasserrohr an."
Der Dritte, der die Ohren angefasst hatte, erklärte: „Nein, eher wie ein Fächer!" Mowlana bedankte sich bei ihnen und sie setzten ihre Reise fort. An seine Schüler gewandt sprach der Meister: „Habt ihr gesehen, obschon alle ein einziges Wesen zu beschreiben ver-

suchten, hörten wir die gegensätzlichsten Interpretationen.
Es fehlte nicht viel und sie hätten einen Streit vom Zaun gebrochen. Der Krieg zwischen den Religionen unterscheidet sich nicht sehr von dem, was wir gerade erlebt haben.
Alle sind sie auf der Suche nach demselben Ziel, drücken dies jedoch unterschiedlich aus. Die Wahrheit ähnelt einem zerbrochenen Spiegel, in dessen Scherben jeder sein eigenes Bild erblickt."

Symptome der falschen Erleuchtung

Ein reicher Kaufmann schloss sich einem Sufiorden an. Am zweiten Tag bat er seinen Meister: „Meister, ich möchte wie alle anderen Sufis fasten."
Jener antwortete: „Dein Körper ist an üppiges Essen gewöhnt. Beginne zunächst eine Diät mit einfachem Essen und wenn es soweit ist, werde ich es dir erlauben." Gegen die Anweisung des Meisters begann der Mann, der es eilig hatte, die Erleuchtung zu erlangen, am selben Abend mit dem Fasten.
Nach einigen Tagen verschlechterte sich sein Gesundheitszustand so sehr, dass er das Fasten abbrach und zu essen begann.
Trotzdem trat kein Zeichen der Besserung ein. Verängstigt und erschöpft suchte er den Meister auf und sagte: „Meister, ich habe ohne Eure Erlaubnis mit dem Fasten begonnen und es geht mir dreckig. Was soll ich tun?" Der Meister forderte ihn auf: „Beschreibe mir die Symptome." Er antwortete: „Wenn ich mich hinsetze, entfernt sich der Boden unter meinen Füßen und wenn ich mich erhebe, nähert er sich wieder." Der Meister fragte erneut: „Wie ist dein Appe-

tit?“ „Wenn ich nicht esse, verspüre ich einen großen Hunger und wenn ich esse, wird mir übel.“
„Wie schaut' s mit der Sexualität aus?“ „Wenn ich meine Frau nicht sehe, verspüre ich ein großes Verlangen und wenn sie bei mir ist, überfällt mich Abneigung.“ „Wie steht' s mit deinem Schlaf?“ „Tagsüber döse ich vor mich hin und nachts wälze ich mich schlaflos auf meinem Lager.“
Der Meister sprach: „Als reicher Kaufmann warst du ein besserer Sufi als jetzt. Nimm' dein vorheriges Leben wieder auf, denn ein erfolgreicher Kaufmann ist der Erleuchtung näher, als ein schlechter Sufi.“

Ein einfacher Grund

Der Stadthalter von Schiraz hatte die Angewohnheit die Nacht zum Tag zu machen und Wein trinkend in Gesellschaft seiner Mätressen bis zum Morgengrauen zu verbringen.
Als er starb, versammelten sich die Bewohner der Stadt bei seiner Beerdigung am Friedhof. Einer fragte: „Weiß jemand den Grund für seinen Tod?“ Ein Sufi, der zugegen war, antwortete: „Ja, sein Leben!“

Was ist Enthaltsamkeit?

Bayazid erzählt:
Ich blieb in meinem ganzen Leben niemandem die Antwort schuldig, bis auf einem jungen Sufi aus Balkh. Er betrat eines Tages unsere Khaneghah und fragte: „Meister, was ist Eurer Meinung nach die äußerste Grenze der Enthaltsamkeit?“
Ich antwortete: „Was wir finden, nehmen wir und wenn wir nichts finden, sind wir dankbar.“

Der Sufi entgegnete: „Bei uns in Balkh sind die Straßenköter genauso."
Ich stellte ihm nun die Frage: „Was ist Eure Definition?" Er sprach: „Wenn wir nichts finden, sind wir dankbar und wenn wir finden, dann schenken wir."

Zwei Anschauungen, dieselbe Wahrheit

Eines Tages begegneten Abu Said Abol-Kheir und Avecinna (der Interpret Aristoteles und ein bekannter Vertreter des rationalen Denkens) einander.
Sie zogen sich in ein Gemach zurück und diskutierten drei Tage und Nächte lang. Als sie herauskamen, wurden sie von Schülern und Anhängern umkreist. Zunächst fragten sie Abu Said: „Wie findest du Avecinna?" Er antwortete: „Das, was ich sehe, weiß er." Danach fragten sie Avecinna: „Was denkst du über Abu Said?" Er sagte: „Es erstaunt mich, das, was ich weiß, sieht er."

Das Tor zur Wahrheit

Djoneyd, der große Gelehrte, betete vor der Moschee, während ihm die Tränen über die Wangen liefen: „Oh Gott, ich harre deiner seit Jahren, wann wirst du mir endlich dein Tor öffnen? Ich kann nicht mehr warten, denn meine Geduld ist am Ende. Gib' mir ein Zeichen!"
In diesem Moment kam die Sufimeisterin Rabia des Weges, hörte diese Worte, schlug ihm von hinten auf den Kopf und sagte: „Du Idiot! Das Tor Gottes ist immer geöffnet.
Dein Tor ist es, das verschlossen ist. Öffne es und du wirst ihn erblicken!"

Die Last des Gedichtes

Ein Sufidichter begab sich trübsinnig zu seinem Meister und klagte: „Ich bin seit Tagen niedergeschlagen und etwas lastet auf meinem Herzen. Ich hörte, dass Ihr die Seelenkranken heilen könnt."
Der Meister stellte ihm die Frage: „Hast du in letzter Zeit ein Gedicht verfasst, das du noch niemandem vorgetragen hast?"
Der Dichter antwortete: „Es stimmt, vor drei Tagen."
Der Meister fragte erneut: „Seit wann fühlst du dich niedergeschlagen?" Er dachte eine Weile nach und erwiderte: „Ungefähr seit drei Tagen."
Der Meister bat ihn: „Lies mal dein Gedicht vor." Der Dichter tat wie ihm geheißen, woraufhin der Meister ihn lobte und sprach: „Steh' auf und geh' nach Hause, denn du bist geheilt!"

Der Apfel fällt nicht weit vom Stamm

Ein König fragte einen Sufi: „Du bist ein ehrlicher Mann, bitte sage mir, wie verhalten sich meine Befehlshaber in unserer Stadt?"
Jener sagte: „Schau dich selber an und du erhältst die Antwort auf deine Frage."
Der König fragte erstaunt: „Ich verstehe nicht, was du meinst?" Der Sufi sprach: „Wenn die Quelle rein ist, ist der Fluss überall rein, wenn die Quelle jedoch trüb ist, ist das Wasser überall trüb!"

Der Wert eines Königs

Eines Tages ging ein Emir mit seinem Gefolge ins Hammam. Ein bekannter Sufimeister der Stadt, der für seinen Humor bekannt war, begab sich zur selben Zeit dorthin.
Der Emir fragte ihn scherzhaft: „Was wäre ich wert, wenn ich kein König wäre?“ Der Meister antwortete: „Fünf Dinar.“ Der König erwiderte enttäuscht: „Das Handtuch, welches ich um meinen Körper gewickelt habe, kostet allein fünf Dinar.“
Der Sufimeister sagte: „Ich habe auch nur den Wert des Handtuchs gemeint!“

Die wahre Alchemie

Eines Tages suchte ein Derwisch Schah Nematollah Wali in der Khaneghah auf und sagte:
„Ich habe gehört, dass Ihr in der Alchemie bewandert seid. Ich möchte bei Ihnen in die Lehre gehen, um aus meiner Armut befreit zu werden.“
Der Scheich fragte: „Was verstehst du unter Alchemie?“ Der Derwisch antwortete: „Staub in Gold zu verwandeln.“ Während des Gesprächs saßen einige Jünger in der Ecke der Khaneghah und aßen Wassermelonen. Schah Nematollah Wali streckte seine Hand aus, legte einige Wassermelonenkerne in des Derwisches Hände und sprach: „Hinter der Khaneghah befindet sich ein Stück Land. Nimm' diese Kerne, stecke sie in die Erde und gieße sie. Du wirst sehen, dass du Gold erhältst.“
Der Derwisch bedankte sich und befolgte die Anweisungen des Meisters. Nach einiger Zeit kehrte er aufgebracht zur Khaneghah zurück und sagte: „Ich habe

die Kerne gesät und nichts als Wassermelonen geerntet.“ Der Scheich fragte: „Was hast du erwartet?“
Der Derwisch erwiderte: „Ihr habt mir Gold versprochen.“ Schah Nematollah Wali sprach: „Nimm' diese Wassermelonen und verkaufe sie auf dem Bazaar und du wirst sehen, dass ich dich nicht belogen habe.
Du hast von mir verlangt, dir beizubringen wie man Staub in Gold verwandelt und ich habe mein Versprechen gehalten!“

Die Wahl liegt bei dir

Eines Tages suchte ein Mann den Sufimeister Schebli auf und beklagte sich über die Vielzahl seiner Kinder. Schebli sprach: „Kehre nach Hause zurück und werfe diejenigen aus deinem Heim, die in deinen Augen Gottes Liebe am Wenigsten verdienen!“

Der Mangel an Liebe

Während Schah Nematollah Walis Khaneghah gebaut wurde, war der Scheich bei einem Anhänger zu Gast. Es war Frühling.
Wie der Scheich eines Morgens in den Garten ging, bemerkte er einen Apfelbaum, der keinerlei Knospen trug und fragte seinen Gastgeber: „Wie kommt es, dass dieser Baum als einziger keine Knospen trägt?“ Er antwortete: „Dieser Baum war einst der Größte und Schattenreichste im Garten.
Die Kinder pflegten im Sommer in seinem Schatten zu spielen und ich beobachtete, dass sie tagtäglich den Baum mit Steinen bewarfen und dessen Rinde mit Messern abschälten.“ Der Scheich ging zum Baum und umarmte ihn eine Weile. Von da an pflegte Schah

Nematollah Wali beim Verlassen des Hauses jeden Tag den Baum zu umarmen, ihn zu streicheln und mit ihm zu reden.
So verging ein Jahr. Eines Tages als der Scheich aufwachte, sah er, wie sich eine große Menschenmenge im Garten versammelt hatte. Wie er aus dem Haus trat, liefen sie zu ihm, küssten seine Hände und umarmten ihn.
Der Scheich fragte seinen Anhänger: „Was ist vorgefallen?“ Jener erwiderte: „Die ganze Stadt redet von der Wundertat, die Sie vollbracht haben. Schaut, wie der Baum in voller Blüte steht!“
Schah Nematollah Wali betrachtete den Baum, lächelte zufrieden und sprach: „Das war keine Wundertat. Der Beweggrund jeglichen Lebens ist die Liebe. Das Erblühen der Natur, die Regentropfen, die auf die Erde fallen, das Strahlen der Sonne und das Kreisen der Planeten, dies alles sind Akte der Liebe. Ohne Liebe wird der Keim des Lebens nicht erweckt. Dem Baum fehlte nichts weiter als Liebe und dies habe ich ihm durch meine Zuwendung gegeben!“

Ein melodisches Spiegelbild

Der beste Musiker der Stadt war zu Gast bei Scheich Abu Said. Nach dem Essen begann er zu musizieren. Einige der anwesenden Gäste weinten, einige schliefen ein und andere begannen zu tanzen.
Ein Schüler Abu Saids bemerkte: „Musik ist etwas Wunderbares. Ich verstehe nicht, warum manche Geistliche und Gelehrte sie verbieten.“
Der Meister sprach: „Schau' dir die Anwesenden an. Einer ist verliebt und weint vor lauter Sehnsucht. Einer hat sich an seine Kindheit erinnert und ist einge-

schlafen. Ein Anderer ist von Lebensfreude erfüllt in Ekstase verfallen. Jeder hört die Musik nach seiner inneren Befindlichkeit und inneren Wahrheit. Jener Geistliche, der die Musik verbietet, hört durch sie seine eigenen Gelüste.
Wenn er die Schönheit und Vollkommenheit hören würde, würde er sie nicht verbieten!"

Die wahre Wundertat

Im Lehrkreis des Abu Said Abol-Kheir, einem Sufimeister aus Khorassan, war die Rede von den Wundertaten der Sufis.
Und der Scheich pflegte seit jeher dieser Diskussion auszuweichen. Einer seiner Anhänger sagte: „Ich hörte von einem Scheich Soundso, welcher fliegen kann."
Der Meister antwortete: „Auch die Fliege und der Aasgeier können fliegen."
Ein anderer sagte: „Ich hörte von einem Scheich Soundso, welcher über's Wasser gehen kann."
Der Meister erwiderte: „Auch die Wasserflöhe können dies," und fügte hinzu, „dies ist jedoch keine Kunst. Der wahre Sufi ist jener, welcher eine Familie gründet, Kinder bekommt und sich deren Erziehung widmet; einer Arbeit nachgeht, auf dem Bazaar Handel betreibt und keine Sekunde die göttliche Essenz in sich vergisst. Dies ist die größte Wundertat, oder?"

Der Scheich und der Bademeister

Einst begab sich ein ehrwürdiger Sufimeister mit seinem Gefolge in ein Badehaus. Während der Bademeister ihn einseifte, beantwortete der Scheich die ihm gestellten Fragen.

Um ihn zu beeindrucken, sammelte der Bademeister die mit einem Badeschwamm abgerubbelte Hornhaut, immer wieder vor dessen Augen.
Gegen Ende des Waschrituals, bat der Bademeister den alten Sufi: „Oh Scheich, erklärt mir die Bedeutung von Edelmut." Der Scheich sagte darauf: „Kehr' die Schande anderer Menschen nicht vor deren eigenen Augen!"

Der Störenfried

In der Khaneghah des Scheichs Abu Said meditierten alle Sufis gemeinsam vor dem Beginn des Unterrichts. Neben der Khaneghah lebte ein schüchterner zurückgezogener junger Mann.
Eines Morgens hörten die Sufis lautes Gelächter aus dem Nachbarhaus.
So sehr sie sich auch zu konzentrieren versuchten, gelang es ihnen nicht. Schließlich sagte einer der Jünger: „Unser Nachbar feierte die ganze Nacht mit seinen Gästen eine Weinorgie. So wie es ausschaut, beginnen sie den Tag erneut mit Wein."
Ein anderer Jünger stand erzürnt auf und rief: „Lasst uns aufbrechen, um das Haus in Schutt und Asche zu verwandeln!" Alle Anwesenden erhoben sich und warteten auf die Zustimmung des Meisters.
Abu Said sagte: „In diesen vielen Jahren hat der junge Mann den rechtschaffenen Weg nie verlassen.
Habt ihr euch jemals dafür bei ihm bedankt, dass ihr nun sein Haus wegen einer einzigen falschen Tat in Schutt und Asche verwandeln wollt?" Die Sufis schämten sich und setzten sich wieder. Der Scheich sprach: „Wenn jedes Haus wegen einer einzigen falschen Tat sofort in Schutt und Asche verwandelt wer-

den sollte, gäbe es auf der ganzen Welt kein einziges noch unversehrtes Haus!"

Der Derwisch und der Wezir

Eines Tages begegnete ein Wezir einem Sufimeister, welcher gerade dabei war seinen Hunger mit den Blättern eines Baumes zu stillen.
Der Wezir sagte: „Wenn du im Dienste des Königs wärst, müsstest du dich nicht von diesen Blättern ernähren."
Darauf antwortete der Sufi: „Im Gegenteil, wenn du dich mit diesen Blättern begnügt hättest, müsstest du heute nicht der Diener deinesgleichen sein!"

Eine Arznei für den Asketen

Ein Kaiser rief nach einem berühmten Asketen. Der Asket dachte bei sich, wenn ich ein Mittel braue, um noch magerer zu erscheinen, wird meine Glaubwürdigkeit in den Augen meines Kaisers steigen.
Die Überlieferung besagt, dass die Arznei giftig war. Unmittelbar nachdem er die Medizin zu sich nahm, fiel er tot um!

Das beste Gebet für einen grausamen Krieger

Ein Derwisch, dessen Gebete erhört wurden, lebte einst in Bagdad.
Der grausame Krieger, Hadjadj ebn Yussef, rief ihn einst zu sich und sagte: „Bete für mich, denn ich habe gegen die Aufsässigen einen Krieg zu führen."
Der Derwisch schaute gen Himmel und sprach: „Gott, nimm ihm das Leben." Yussuf schrie: „Um Gottes

willen, was für ein Gebet ist das?"
Der Derwisch antwortete: „Dies ist das beste Gebet für dich und alle Muslime!"

Die beste Werbung

Ein Derwisch suchte einen Haschischverkäufer auf und kaufte Gras. Danach ging er ins Badehaus. Zehn Minuten später rannte er splitterfasernackt aus dem Hammam, überquerte den Bazaar und ging schnurstracks zum Händler zurück.
Er packte ihn am Kragen und schrie: „Das Gras, das Du mir verkauft hast, war nicht gut. Gib' mir sofort mein Geld zurück!"
Der Händler fragte ihn: „Warum?" Der Derwisch antwortete: „Es macht nicht high!" Der Händler rief daraufhin mit lauter Stimme: „Leute seht her und überzeugt euch von der Qualität meiner Ware.
Vor zehn Minuten kaufte er bei mir ein, kehrte in diesem Zustand wieder und behauptet nun, dass es keine Wirkung zeige. Stellt euch vor, wie es wäre, wenn es seine Wirkung zeigen würde?!"

Der Lieblingsort der Sufis

Ein Jünger fragte seinen Meister: „Welchen Ort soll ein Sufi Ihrer Meinung nach bevorzugen, wenn er sich nicht gerade in der Khaneghah befindet?"
Ein anwesender Geistlicher verlautbarte: „Zweifellos die Moschee!" Scheich Abu Said sprach: „Wenn du auf der Suche nach Gott bist, wirst du ihn auch in der Weinschenke finden!"

Reine Geschmackssache

Einer von Scheblis Anhängern erzählt: Eines Tages schlenderten der Meister und ich gemeinsam über den Bazaar, als wir zu einem Gasthaus kamen.
Der Koch nahm gerade ein zartes, gegartes Lamm aus dem Backofen, dessen Fleisch einer reifen Dattel ähnelte. Schebli blieb stehen und schaute nachdenklich zu.
Ich bat: „Mein Haus befindet sich in der Nähe. Wenn der Meister erlaubt, werde ich uns ein wenig von dem köstlichen Lammfleisch kaufen."
Schebli fragte: „Mein Freund, was denkst du? Glaubst du, dass dieses Fleisch meinen Appetit angeregt hat? Im Gegenteil! Man sagt, die Schuldigen werden in der Hölle schmoren, wir verbrennen diese unschuldigen Tiere jedoch vor ihrem natürlichen Tod. Hunger habe ich, aber Appetit? Keinen mehr!"

Ein verhängnisvoller Fehler

In der Zeit als Nasser od-din Schah das Land regierte, gab er eines Tages Mohammad Hassan Zargar, einem Goldschmied, seinen Türkisring, um ihn erweitern zu lassen.
Der schwer verschuldete Goldschmied tauschte den wertvollen Stein aus und ließ ihn dem König überbringen. Daraufhin verließ er die Hauptstadt Teheran.
Der König, der sich mit Edelsteinen bestens auskannte, bemerkte dies sofort und gab den Befehl den Betrüger festzunehmen und zu ihm zu bringen. Am gleichen Tag kam der Sufimeister und bekannteste Kalligraf Esphahans, Mohammad Zargar, zum ersten

Mal in seinem Leben in die Hauptstadt, um einen sterbenskranken Freund zu besuchen.
Wie er durch den Bazaar ging, fiel sein Blick auf ein Juwelengeschäft und als er das Ladenschild las, bemerkte er erstaunt, dass der Besitzer des Geschäftes denselben Namen trug wie er. Aus Neugier trat er ein und fragte den Pagen: „Wo ist der Ladenbesitzer?“
Der Junge antwortete: „Frühmorgens hat der Meister all sein Hab und Gut gepackt und sich eiligst auf den Weg gemacht.“ Der Sufi wollte wieder gehen, als plötzlich zwei Wächter hereinkamen und ihn fragten: „Bist du Mohammad Zargar?“
Der Sufi erwiderte: „Ja.“ Sofort packten ihn die Wächter und nahmen ihn mit. Der Scheich protestierte: „Es handelt sich bestimmt um ein Missverständnis. Ich trage zwar denselben Namen, dennoch bin ich nicht derjenige, den ihr sucht.“ Die Wächter lachten und zerrten ihn zum Palast des Königs. Sobald sie eintrafen, rief Nasser od-din Schah zornig: „Für wen hältst du dich, dass du den König höchstpersönlich ausnimmst?“
Der Scheich stand still und senkte den Blick. Der König fragte: „Wo hast du den kostbaren Stein versteckt?“ Als der Sufi erneut schwieg, schrie der König außer sich: „Ich befehle dem Henker, dir deinen rechten Arm abzuschlagen, damit du nie wieder jemanden bestehlen kannst!“ Wie die Wächter ihn zum Kerker zerrten, begegneten sie im Korridor dem Statthalter Esphahans, der den Schah um eine Audienz bitten wollte. Da er den Scheich gut kannte und selbst sein Anhänger war, fragte er überrascht nach der Ursache für diese Festnahme.
Sobald er die Wahrheit erfuhr, eilte er zum König, um ihn über diesen verhängnisvollen Fehler aufzuklären.

Beide liefen Hals über Kopf zum Kerker. Genau in dem Augenblick als der Henker das Beil erhob, um den Arm des Scheichs abzutrennen, betraten sie den Raum und der König gab ihm die Anweisung, die Vollstreckung abzubrechen.
Danach wandte er sich an den Scheich mit der Frage: „Warum habt Ihr geschwiegen, als ich Euch diese Verleumdung unterstellte?" Der Scheich erklärte: „Ich bin ein siebzig Jahre alter Mann und habe mein Leben gelebt.
Obwohl ich einst zu den besten Kalligrafen Esphahans zählte, kann ich nun mit diesen zittrigen Händen nicht einmal mehr die Feder halten. Es schien mir kein schlechter Tausch zu sein, ein Menschenleben zu retten und dafür eine zittrige Hand zu opfern. Hättet Ihr nicht dasselbe getan?"

Die Lüge hat vier kurze Beine

Mollah Nassr od-din besaß einen Esel, den er überaus liebte.
Eines Tages kam ein Nachbar vorbei und bat den Mollah, den Esel auszuborgen. Der Mollah sagte: „Ich habe den Esel verkauft." In diesem Moment begann der Esel zu brüllen und der Nachbar rief: „Du hast mir nichts als Lügen aufgetischt. Ich kann sein IA hören."
Der Mollah antwortete beleidigt: „Du bezweifelst die Worte eines Gelehrten und schenkst dem Esel Glauben?"

Die Stunde der Wahrheit

Ein Sufimeister wurde im Alter von achtzig Jahren schwer krank. Der Heiler verschrieb ihm einen Einlauf. Als keine sichtbare Wirkung eintrat, empfahl er ihm ein Viertel Rotwein zu trinken.
Der Zustand des Meisters verschlechterte sich, trotz aller Bemühungen.
Plötzlich begann der Sufimeister zu lachen und der Heiler fragte ihn verwundert: „Warum lacht Ihr?" Der Meister sprach: „Ich lache darüber, dass ich am Ende eines tugendhaften Lebens, nun betrunken und mit zerrissenem Hintern vor den Allmächtigen treten werde!"

Die Rechtssprechung

Ein Sufi wurde zum Richter ernannt. Gleich am ersten Tag kamen zwei Männer mit ihrer Klage zu ihm. Zunächst trug der Ankläger seine Argumente vor.
Der Sufi erwiderte: „Du hast vollkommen recht." Nun brachte der Angeklagte seine Gegenargumente vor. Der Sufi erwiderte erneut: „Aus deiner Sicht, hast auch du vollkommen recht."
Die Frau des Sufis war anwesend und sagte: „Man kann nicht dem Ankläger als auch dem Angeklagten recht geben." Der Sufi sprach: „Auch du hast vollkommen recht!"

Nader Schah und der Sufimeister Kharkan

Bei der Rückkehr vom Krieg gegen die Inder begegnete Nader Schah unterwegs dem Sufimeister Ha-

schem Kharkan. Er sagte zu ihm: „Beim Krieg gegen die Heiden ist mir die größte Kriegsbeute aller Zeiten zugefallen. Ich erfülle Euch jeden erdenklichen Wunsch. Und seid ja nicht zu bescheiden!"
Der Meister antwortete: „Ob von Heiden oder Gläubigen, ich darf mit Besitztümern, die gewaltsam erlangt worden sind, in keinster Weise in Berührung kommen!"
Nader Schah erwiderte: „Ich bewundere Euch, wie Ihr auf das Diesseitige verzichtet." Der Meister sprach: „Im Gegenteil, ich bewundere Euch, wie Ihr auf das Jenseitige verzichtet!"

Zeit ist relativ

Madame de la Foie schreibt in ihren Memoiren über ihre Reise nach Persien am Ende des 19. Jahrhunderts: Wir trafen in Esphahan einen Derwisch, dem man nachsagte, seine Tage und Nächte auf dem Friedhof zu verbringen. Ich sagte zu unserem Reiseleiter: „Ich möchte mich mit diesem Derwisch unterhalten und erfahren, was er die ganze Zeit auf diesem Friedhof zu suchen hat."
Er erwiderte: „Das Verhalten der Derwische ist manchmal seltsam und ähnelt dem der Verrückten. Es kann sein, dass er Sie überrascht." Ich antwortete: „Er wirkt jedoch ruhig und gelassen. Ich kann mir nicht vorstellen, dass er Unerwartetes tut." Der Reiseleiter brachte mich zum Derwisch, der auf einem Grab saß und sobald er uns sah, aufstand und uns begrüßte. Ich fragte ihn: „Was macht Ihr hier an diesem Ort?" Der Derwisch erzählte: „Dies ist eine lange Geschichte. Letztes Jahr, als ich nach Esphahan kam, schlief ich vor lauter Erschöpfung am Eingang einer Moschee

ein.
Wie ich erwachte, bemerkte ich, dass meine Mütze, die mir mein Meister geschenkt hatte und mich an ihn erinnerte, gestohlen worden war. Von jenem Tage an verbringe ich meine Zeit hier auf diesem Friedhof. Da letztlich alle Einwohner der Stadt zwangsläufig hier landen werden, wird auch der Dieb meiner Mütze irgendwann hierhergetragen. Dann werde ich sie wiederbekommen."
Ich fragte: „Falls der Dieb erst in zwanzig Jahren stirbt, würdet Ihr Euer Leben nicht als vergeudet betrachten?" Der Derwisch sprach: „Nicht, wenn ich meine Mütze zurückbekomme!"

Schwerwiegende Anschuldigungen

Zu Beginn des 19. Jahrhunderts erklärten die Moftis der Stadt Schiraz den berühmten und toleranten Sufimeister, Mirzaye Sokut, zum Ketzer.
Unter Mithilfe des Statthalters versammelten sie einige Schläger aus verschiedenen Stadtteilen, um den Meister hinzurichten. Wie sie sein Haus betraten, wurden sie von seiner Ausstrahlung so sehr in Bann gezogen, dass sie die Macht verließ ihm Gewalt anzutun und ihr Anführer sich mit zwei Fragen begnügte: „Erstens sagt man, dass Ihr heidnische Werke studiert. Zweitens gewährt Ihr Freunden Zutritt zu Eurem Haus, welche niemals eine Moschee von Innen gesehen haben."
Der Meister sagte: „Um eure erste Frage zu beantworten, stelle ich euch meinerseits eine Frage. Wie seid ihr zu der Ansicht gekommen, dass der Islam die beste Religion ist?" Der Mofti antwortete: „Durch den

Vergleich." Der Meister sprach: „Genau dies, habe ich auch getan. Nun komme ich zu eurer zweiten Frage. Ich habe euch, trotz eurer feindlichen Gesinnung, Einlass in mein Haus gewährt.
Wie könnt ihr erwarten, dass ich den Menschen, die mich aus Freundschaft aufsuchen, den Zutritt verweigere?"

Den Wald vor lauter Bäumen nicht erkennen

In den Jahren nach dem 2. Weltkrieg, nahm Dr. Henri Corbin, der französische Orientalist, bei dem Meister Dr. Ashtiani Unterricht in Erfan, dem iranischen Pantheismus.
Der Meister schenkte Dr. Corbin besonders viel Aufmerksamkeit, weil er überzeugt war, dass ein nicht iranischer Wissenschaftler durch seine Distanz zum Thema, einen objektiveren Zugang zur Materie haben würde.
Als Dr. Corbin beschloss, seine Forschungen zu veröffentlichen, stellte ein Schüler dem Meister die Frage: „Meister, warum überlasst Ihr einem Schüler, noch dazu einem ausländischen, die Veröffentlichung des Buches, obwohl Ihr selber die Materie gänzlich beherrscht?"
Dr. Ashtiani antwortete darauf: „Aus eben diesem Grund. Er ist weit genug draußen und ich bin viel zu tief drinnen!"

Personenregister

A

B

C

D

N

R

S

T

W

Z

Mofti: (Mufti) islamischer Jurist, der bestimmt, ob die verabschiedeten Gesetze mit dem Geist des Islam im Einklang stehen (im heutigen schiitischen Iran: Ayatollah) Das Wort ist abgeleitet von Fatwa, das religiöse Gebot.

Scheich: alter Mann (persisch: Pir, im Sufijargon: Meister)

Derwisch: wandernder Mystiker. Der Sufi kann einem Sufiorden angehören und einem Beruf nachgehen, der Derwisch hingegen hat keinen festen Wohnsitz und lebt von den Almosen der Mitmenschen.

Mollah: Mullah (deutsch: ein einfacher Priester)

Khadje: Herr

Hadj: Pilgerfahrt nach Mekka, die jeder gute Muslim mindestens einmal in seinem Leben machen sollte.

Hadjkarawane: Wegen der Gefahren, die in der Wüste lauerten (z. B. Räuber, Stürme,...) sind die Muslime zusammen gereist. Nur einige der asketischen Sufis und Derwische bevorzugten es, alleine zu Fuß nach Mekka zu pilgern.

Die Schreibweise der Namen der Sufimeister und der Orte wurden nach der persischen Aussprache gewählt. Bis auf eingebürgerte Begriffe wie z. B. Mekka, Kaaba u.s.w..

Manche der Geschichten wurden aufgrund ihrer Kürze und symbolischen Ausdrucksweise ausführlicher wiedergegeben, um die Inhalte für die deutschsprachigen LeserInnen verständlicher zu machen.

Sufigeschichten

Sufimeister